自分を動かす言葉

Yuji
Nakazawa

中澤佑二

adidas

ELGRAND
サカタのタネ
Jatco
日産車体

自分を動かす言葉

中澤佑二

Nakazawa yuji

ベスト新書
392

はじめに

サッカー小僧だった僕——ただうまくなりたい、試合に勝ちたい、世界を目指したいとグラウンドで四苦八苦していただけの——が「言葉」を意識し始めたのは2007年ごろだった。

振り返ってみると、それ以前にも僕の中にたくさんの「言葉」が息づいていることに気が付いた。

両親の言葉、恩師や友達の言葉、監督やコーチ、一緒にピッチで戦ってきたチームメートの言葉、本で見つけた言葉、そしてファンの方や人生の先輩たちの言葉……。出会ってきた多くの言葉が、時にくじけそうになっていた僕を奮い立たせ、時に喜びに包まれていた僕をさらに何倍も喜ばせ、明日へのモチベーションを上げていってくれた。そして、それらはいつの間にか、僕の血となり肉となり、サッカー選手「中澤佑二」を、ひいては人間「中澤佑二」を作りあげてくれたといっても過言ではない。

時に思う。言葉には力があるのではないかと。

苦しい時も、楽しい時も、自分を前に進めてくれる「自分を動かす」力だ。

今でも僕は、特に自分に対してネガティブな感情が湧いてきた時に、「言葉」に救いを求めている。新しい本を読んだり、これまで読んだ本を読み返したり、なんとなくネットで言葉を探してみたり……。

自分に当てはまるいい言葉を見つけるちょっとした「傷心旅行」をしているようなものだ。

そんな長い時間を取るわけではない。ただ、言葉を眺め続けて、「いい言葉だな」と思うものを探しているだけ。

いい言葉が見つかれば、それを今の自分に当てはめて考えてみる。その言葉の自分にとっての意味とは何か、自分に教えてくれるものは何か、どう行動すべきなのか……。そして最後に思うことは同じ。

「また明日も前を向いて、頑張ろう」

苦境の時こそ、そうやって「言葉」の力を借りて、後退をしないためのエネルギーとしている。

極端に言えば、「言葉」と出会ったからといってサッカーが劇的にうまくなることはない。当たり前だ。「言葉」がゴールを決めてくれるわけではないし、「言葉」にへディングやトラップがうまくなるような技術があるわけでもないのだから。

でも「言葉」には、心を強くし、背中を押してくれる力がある気がする。

僕の人生を振り返っても、数々の言葉の力を借り、僕なりの思考を築き、行動し、利用しながら、ゴールを決める力をつけ、ヘディングやトラップを上達させてきたように思うからだ。

この「言葉」は、僕や、サッカー選手だけではなく、ビジネスマンの方や学生の方など多くの方にも、ポジティブな力を与えてくれると思う。

今回は、そういう僕の力になってくれた「自分を動かす言葉」を皆さんにお届けしたい。

僕を形作った「言葉」たちが、同じように皆さんに響き、力を与えることができれば、そしてそれが皆さんの前向きな結果をもたらす一助になれば、こんなにうれしいことはない。

目次

第2章　言葉を思考に結びつける

第3章　自分を動かす言葉

第4章　人を動かす言葉

●構成　佐藤岳
●写真　江森康之
●装丁　mashroom design
●メイク　華子(happ's)
●衣装　倉富勇人(code)

第1章　言葉の力を意識する

P.46
「タバコは今日はダメだぞ。
吸いたかったら外で吸え」
「好きなだけ歌えよ。
で、歌ったら、お前は帰れ」
「お前は俺らの星だから」
——地元の友人

P.55
俺も絶対にプロになって
ブラジル代表に
なってみせるよ
——ジウベルト・シウバ

P.30
サッカーと違って、バスケって
まだそんなにメジャーじゃないし、
僕は日本のバスケ界を変えたいんですよ
——田臥勇太

P.25
中澤くんがやめたら、せっかく名前を覚えたのに、
おじいちゃん、おばあちゃん、また名前を一から
覚えなきゃいけないんだよ。サッカーを観てくれるのは
若い子たちだけじゃないんだよ
——コメディアン・萩本欽一

P.20
なんでキャプテンやらないの？
——中村俊輔

P.12

人生において『成功』は約束されていない。しかし人生において『成長』は約束されている

——多摩大学教授・田坂広志

P.20

代表で一番がんばっている人が
キャプテンじゃないのは納得いかない

——田中マルクス闘莉王

P.40

絶対にやめることは許さない

——父親

P.16

今、日本の人口は1億2千万人います。
あなたと僕が出会うためには、
どれくらいの時間が必要だと思いますか。
例えば、あなたが1日に10人と出会うとすると・・・
実は・・・32877年以上の月日が必要になります。
つまり、あなたと僕が、出会えたということは、
魂の輪廻を何度も何度も繰り返し、
3万年の月日を超えて、やっと出会えた
涙の再会ということになります(笑)

——詩人・せい

P.46

いつでも戻ってこいよ

——恩師・村田義昭

P.35

10年間なにかに熱中するということは、
好きなことであってもなかなか難しい

——作家・高橋克彦

◆成功ではなく、成長を目指す

僕のサッカー人生を表わしていると思った言葉がある。

「人生において『成功』は約束されていない。しかし人生において『成長』は約束されている」

これは田坂広志さんという多摩大学の教授の方が書いた『未来を拓く君たちへ』（くもん出版）という本で出会った言葉だ。大げさな言い方かもしれないけど、僕はこの言葉は人生の真理を突いているように思っている。

世の中、思い通りにいかないのは、ほとんどの人が身に染みて感じていることだろう。

僕らサッカー選手にとって成功とは、結果であり、優勝やゴールといった華々しいものだが、僕自身、今までのサッカー人生において、そう簡単に結果が出たためしなどない。

一方で、週末の試合で得点をしたり、活躍したりする選手が、実は大して練習をしていなかったなんてことはよくある話だ。

そんな時、「なぜあいつが……」と思ってしまうのが人間のさがであり、僕も少なからず、嫉妬心にさいなまれた時期がある。特に自分自身が人よりも努力していると自負していればいるほど、「自分はずっと居残り練習をしてきたのに、何で活躍できないんだ」とか「何で俺は点を取れないんだろう」と悩んでしまうのだ。

だけど、そんなことを考えても、目の前の現実が変わるわけではない。むしろ、心が乱れることによって悪循環にはまってしまう危険性すらある。

だから、僕はある時から自然とそういった「成功」を意識しないようになった。もともと、先を見て練習をするタイプではなかったけれど、一層、日々の練習だけに集中するようになったのだ。たとえそれで結果が出なくても、悪いところだけを反省し、気持ちを切り替えて練習に取り組むようにする。そういうサイクルで競技人生を歩んできた結果、気が付けば、「成功」よりも「成長」を実感するようになった。

だからこの言葉を目にした時、「やっぱりそうなのか」と思ったし「自分の進んできた道のりも間違いではなかったんだ」と背中を押された気がした。

ここで言う「成長」とは、飛躍的に自分が上手くなったということではない。

確かに、技術的に向上した部分もある。例えば、僕は昔、ロングキックを真っすぐ蹴ることができず、20代前半の頃からずっと居残りでキックの練習を続けてきた。すると、徐々に真っすぐボールが蹴れるようになった。小さい頃からしっかりと練習をしてきた選手が聞いたら笑うかもしれないけど、僕にとってそれは大きな進歩だった。だけど、僕が「成長」を強く実感したのは、サッカー選手としての根本的な部分だ。簡単にいってしまえば、選手寿命に関わるところである。

僕自身、昔から最も心掛けてきたのは体のコンディション調整だった。練習の後に疲労を残さないためにはどうすればいいいか、故障しにくくするにはどのようなケアが必要なのかを考えて、年齢ごとに自分に合ったやり方を実践してきた。以前は体調を維持するためにオフの日もジョギングを欠かさなかったし、食事や睡眠などの生活サイクルもずっとサッカーを中心に回っている。

その成果が表われ始めたのは、20代後半くらいからだった。

同年代の選手たちが走れなくなってきている中で、自分がまだ走れていたり、引退する選手がいる中で生き残ることができていたり、少しずつ「成長」が目に見える形になっていった。

そして、結果的に日本代表では国際Aマッチ110試合に出場でき、Jリーグでも2012シーズンに400試合出場を達成することができた。いずれも、昔の自分には想像もつかなかった数字だ。

「成功」が人の脳裏に焼きつくような強烈なインパクトを指すのなら、僕にはあまり縁のないものに違いない。だけど、「成長」は至るところで実感している。

だから今も、何が「成功」なのかと聞かれたとしたら、よく分からないと答えるだろう。僕の場合、日々、追い求めているものは「成長」だからだ。

「成功は約束されていないけど、成長は約束されている」

僕にとって大きな意味を持つこの言葉は、つい結果に一喜一憂してしまい、前に進むことができなくなった時に、力を発揮する。

結果が出ないことを悔やむ必要はない。重要なことは、日々、成長を実感できているかどうかなのだ。

◆その言葉は3万分の1の金言かもしれない

成功ではなく、成長を重視している僕にとって、唯一の成功があるとすれば、それは「出会い」だと思う。

先ほども書いたとおり、僕にはサッカーで成功をした、という感覚がまったくと言っていいほどない。同じディフェンダーでも（田中マルクス）闘莉王と比べると、僕は大きなインパクトを残すような成功とは無縁だと思い知らされる。いくら努力をしたって、ディフェンダーであんな得点能力は身につかないだろう。

だけど、唯一、出会いにだけは恵まれた。

僕のサッカー人生を振り返ると、いろいろな人が夢に向かって走り出すきっかけを作ってくれて、背中を押し、成長を手助けし、心を癒してくれた。

最初に影響を受けたのは、頑固で口べたな父親だ。挫折しそうになった時、諦めないこと、やり続けることの大切さを教えてくれた。

そして兄貴。スポーツと勉強を両立させて、しまいには進学校に入り、推薦で大学に合格した。幼い頃はそんな姿に憧れ、その背中を追い続けた。

高校に入学すると、村田義昭先生というかけがえのない恩師に出会い、プロへの道を一緒に探してもらった。

ブラジルではジウベルト・シウバというライバルに会って、将来を誓い合った。

ヴェルディの練習生の頃は、サテライトチームを指導していた岸野靖之さんがマンツーマンの練習に付き合ってくれて、プロで戦っていく基礎を植えつけてくれた。

念願のプロ契約ができたのは、総監督の李国秀さんが僕の身長に目をつけてくれたから。

2002年の日韓ワールドカップ前はフィリップ・トルシエ監督の辛辣な言葉に、逆に発奮させられた。

プロ入り後、心の底から自信を持ってプレーできるようになったのは、横浜F・マリノスで岡田武史監督に出会ってからだ。

イビチャ・オシム監督には新たなサッカー観を植えつけられ、20代後半からでも、まだまだ成長していけるような感覚を覚えた。

指導者以外でも、刺激を与えてくれた仲間やライバル、先輩や後輩は数多くいる。サッカー以外の分野でも、さまざまな人から大切なことを学んできた。今振り返っても、僕は一つひとつの出会いとともに階段を上がってきた実感がある。

詩人・せいさんの『出会ってくれて、ありがとう』（現代書林）という詩集にこんな言葉がある。

「**今、日本の人口は1億2千万人います。**
あなたと僕が出会うためには、どれくらいの時間が必要だと思いますか。
例えば、あなたが1日に10人と出会うとすると……
実は……
32877年以上の月日が必要になります。
つまり、あなたと僕が、出会えたということは、魂の輪廻を何度も何度も繰り返し、
3万年の月日を超えて、やっと出会えた涙の再会ということになります（笑）」

僕はこれを読んで、当たり前に思えていた出会いが、実は奇跡的なものだということに気付かされた。

人生を80年と仮定すると、32877年を生きるには、何度、生まれ変わる必要があるのだろう。ざっと計算しても410回！　しかも、僕が生まれ変われば、他の人も生まれ変わるということで、何にしても、絶対に出会えない人の方が圧倒的に多いのだ。

あまりにも確率が低い中で出会えている人というのは、僕にとってどのような意味があるのだろうか。そんなふうに考え始めたら、日々の出会いがものすごく貴重なものに思えてきた。

例えば、いつもクラブの練習場に足を運んでくれているファンの人でも、人生に限りがあることを考えれば、すごい確率で出会っているわけで、この一期一会を大切にしようと考えるようにもなった。

もちろん、出会う人の中には、自分とは性格的に合わないタイプもいるだろう。だけど、そのような出会いの中にも、「成長」の機会が隠されているかもしれない。全部が全部、自分の考えとは一致していないけれど、こちらが学ぶべきものを持っている人はいるはずだ。僕が苦手なタイプの人が、逆に好影響を与えてくれる場合だってあるだろう。そういう考え方も出会いの中で学んだことだ。

人生は十人十色。だれかと出会うことで、想像もしていなかった道が開けてくるかもしれない。僕は「出会いの確率」の言葉を知って、なおさら、人の言葉に素直に耳を傾けるようになった。だって、**それは3万分の1の金言かもしれない**のだから。

◆言葉は自分を変えてくれる

仲間のひと言というのは、計り知れない力を秘めている。

僕は南アフリカワールドカップでキャプテンを外れた時に、サッカー人生の宝物ともいうべき言葉をもらった。（中村）俊輔と闘莉王からだ。

キャプテンを外された時、僕が感じたことは決して落ち込んではならない、今までと違う態度を取ってはいけない、ということだった。けれど、そう思っているということは、少なからず精神的なショックを受けていた、ということだ。確かにそうだった。

事前合宿地のスイスから本番会場となる南アフリカに飛び立つ直前、自由時間を与えられた僕らはジュネーブで日本食料理の店に足を運んだ。俊輔が誘ってきたのだ。集まったのはナラさん（楢﨑正剛）と闘莉王と今ちゃん（今野泰幸）とヤット（遠藤保仁）を含めた総勢6人。その席で、俊輔が言った。

「なんでキャプテンやらないの？　やらないのはおかしいでしょ」

闘莉王も続ける。

「代表で一番がんばっている人がキャプテンじゃないのは納得いかない。キャプテンは佑二さんしかいないよ」

僕はあまりにも突然のことで、不覚にも彼らの言葉に感極まってしまった。

ふたりは別に、意を決してとかそういう雰囲気ではなく、ごく自然に切り出した感じだった。もちろん、ハセ（長谷部誠）が頑張っていなかったわけではないし、ふたりともハセのことを十分に認めていた。

ただ、僕はそれまでそんな言葉をかけられたことがなかった。キャプテンらしいことをまったくやってこなかった人間だったし、その任を解かれたことは自分だけの問題であって、チーム全体に影響を与えるようなことではないとも考えていた。だけど、彼らは自分のことのように思ってくれていた。

ふたりは僕のサッカー人生の中でも、最も尊敬している存在だ。

俊輔は僕より一学年下。なのに、シドニーオリンピックの代表に選出され、初めて会話した時には、タメ語で話し掛けてきて、第一印象はあまり良い方ではなかった。「こいつ、俺の一個下なのになぁ」なんて思いながら、話していた記憶がある（笑）。あとで分かったことだけれど、俊輔はそれまで僕のことをずっと同級生だと思っていたらしい。

でも、いざ一緒にプレーすると本当にうまくて、ドリブル、パス、FK、ループシュート、股抜き、スルーパスなど、何でもできる正真正銘の天才プレーヤーだった。一緒にピッチに立つと、本当に楽しくサッカーができるのだ。天性の才能があって、しかも人一倍、努力できる数少ない選手のひとりだと思う。

俊輔とは横浜F・マリノスでのチームメートというだけでなく、２００２年日韓ワールドカップメンバーからの落選を経験したり、その後、もう1度、日本代表に這い上がったりと、苦楽をともにした仲でもある。

同じく闘莉王とも、初対面から打ち解けたわけではなく、どんな性格なのか、最初は手探りだった部分もあったけど、よくよく知り合ってみると、上下関係を重んじたり、すごく懐が深かったりと、人間味溢れるプレーヤーで、一気に関係が深まっていった。

まず、あのヘディング。よく僕とどちらが強いか比較されるけれど、僕自身は闘莉王の方が上だと感じている。僕はどちらかというと、相手を抑えつつ跳んで跳ね返すタイプだけれど、闘莉王は相手ごと吹き飛ばすような力強い競り方ができるからだ。

そして何よりも、闘莉王とセンターバックを組んでいると安心感がある。自分の言ったことは必ず遂行する有言実行型で、守備の選手なのにオフェンスのプレーヤーのような動きもできる。精神面もかなり図太くて、日本人は強豪国相手にどうしても腰が引けてしまうところがあるけれど、闘莉王は弱気になるようなことが一切ない。本当に頼れる相棒だった。

南アフリカワールドカップの時、そんなふうに僕が一目も二目も置いているふたりに熱い言葉をかけられ、心が軽くなるような感覚を覚えた。キャプテンでなくなってからも練習や試合で気落ちしたような雰囲気を出してこなかったつもりだけれど、それからは、さらにいろいろなわだかまりを吹っ切ってプレーできたと思う。

僕は普段の生活の中でチームメートと一緒に食事に行ったり、遊びに出掛けたりするタイプではない。プロ選手というのは仲間であっても、ある面ではライバルであり、ベタベタな関係になるのは望ましいことではないと考えているからだ。

俊輔や闘莉王とも、そんな馴れ合いの関係ではないからこそ、逆にそういう瞬間のひと言がずしりと響いたのかもしれない。僕の2度目のワールドカップは特にあのふたりの存在なくしては語れない。

振り返れば、その時も僕は言葉の力を本当に強く実感した。

やっぱり、言葉というのはつらい時に助けを差し伸べてくれているように思う。**言葉は、心の奥底に響き、自分を変え、突き動かしてくれる**のだ。

◆想像していない誰かが応援してくれている

ドイツワールドカップ終戦からしばらく後、僕のサッカー人生はまったく予期せぬ人の言葉に救われたことがある。

萩本欽一さん。そう、あの欽ちゃんだ。

昔からお笑いが大好きな僕にとって、萩本さんは雲の上の存在だった。接点なんてあるわけもなく、ただ、テレビ画面の向こうにいる超有名人というだけ。

それが２００７年の年明けに、あるイベントで偶然にも同席することになった。

僕は緊張しすぎて何を話していいのか分からなかった。だから、最初は当たり障りのない会話をしていたと思う。だけど、気が付くと、日本代表の話題になっていた。

当時、僕は日本代表での活動を休止していた時期だった。２００６年のドイツワールドカップを最後に、代表チームから引退する決断をしていたのだ。

僕が日本代表の引退を決めたのは、ドイツワールドカップの1年前。アジア予選を戦っている頃だった。

実際に経験した選手には分かってもらえると思うけど、代表チームとクラブの活動を並行して行っていくのは並大抵のことではない。

僕は幸運にもプロ1年目の1999年から毎年のように日本代表に選ばれ、多くの経験を積むことができたけど、一方で年々、体に蓄積していく疲労やダメージに悩まされるようになった。

その苦しみがピークに達したのがドイツワールドカップ前年の2005年だ。当時は厳しいアジア予選の真っ最中で、まさに満身創痍という表現がピタリと当てはまるような状態だった。ピッチの中でも外でも、腰や膝、足首を激痛が襲うのだ。しかも、たちが悪いことに、痛みが出ていたのは関節や靭帯など故障が長引くような箇所ばかりで、慢性化した炎症を取り除くには練習を完全に休まなければいけなかった。でも、クラブでも代表でも過密日程が続く状況では休めるわけもない。だからずっと、だましだましプレーしていた。

その頃は膝や足首に何本、注射を打ったか分からない。そんな時だ。チームドクターに将来的には手術も必要かもしれないと指摘されたのだ。

幼い頃から自分の体にメスを入れた経験がなかった僕は、絶望的な気持ちになった。大げさだと思うかもしれないけれど、本当だ。せっかく世界と戦うことを夢見て頑張り続けているのに、こんな精神状態では思い切りプレーすることなんてできるはずがない。ましてや体の痛みを隠しながらプレーしては、唯一の取り柄である全力プレーはできず、チームにもサポーターにも申し訳ない。弱気になっていく心をどうにかして切り替えようと悩みに悩んだ揚げ句、僕はドイツワールドカップを最後に代表でプレーするのをやめようと思い立った。

1年後の身の振り方を決めたところで、その時点の過密日程やケガが改善されるわけではない。だが、ゴールを決めることで心がだいぶ楽になった。1年間の我慢だと考えることで、あらゆる苦労や努力にも何とか耐えられるようになったのだ。けれど、すべてを捧げて臨んだドイツワールドカップで惨敗。ブラジル戦で実力の差を見せつけられた。

こうして僕は、その時の決断通り、ドイツから帰国後、代表引退の意志を日本サッカー協会に伝え、クラブの活動に専念するようになった。日本代表はジーコからオシムへと監督が変わり、新しい目標に向かってスタートしていたけれど、僕はまったく気にならなかった。それほど、あの頃の僕はエネルギーを放出し切っていたのだ。

代表引退は、メディアにも出たこともあり、広く知られていたようだった。

そんな折のイベントで、萩本さんはふと、語りかけるように僕に言ったのだ。

「中澤くんね、おじいちゃん、おばあちゃんからすれば、サッカー選手の名前を覚えるのって大変なんだよ。分かる？　中澤くんがやめたら、せっかく名前を覚えたのに、おじいちゃん、おばあちゃん、また名前を一から覚えなきゃいけないんだよ。サッカーを観てくれるのは若い子たちだけじゃないんだよ。名前覚えてくれたおじいちゃん、おばあちゃんのためにも、もうちょっと頑張んなよ。せっかく覚えたんだから」

僕はあまりにも咄嗟のことで曖昧な返事しかできなかったけど、すごく新鮮な気持ちになったことを覚えている。

おじいちゃんやおばあちゃんに名前を覚えてもらっているなんて想像したこともなかった。確かに選手の名前と顔を一致させるのは大変だろうなぁ、と心の中で思った。その時期は体の状態もだいぶ回復し、前向きに物事を考えられるようにもなっていた。だから、萩本さんの言葉にも、素直に耳を傾けられたのだと思う。

実はその頃はちょうど、横浜F・マリノスが低迷していて、サッカー界やマリノスをどうやって盛り上げようかと考えていたタイミングでもあった。

コアなサッカーファンは熱烈な声援を送ってくれるけど、**日本全体を巻き込んでいくには、おじいちゃん、おばあちゃんのような普段サッカーをあまり観ない人たちに**

も応援してもらった方がいい。だから、「自分が日の丸を背負うことでサッカーに目を向けてくれる人が出てくるのであれば、もう1度、日本代表としてプレーするのもいいかもしれない」と考えるようにもなった。

結果的に僕は2007年2月に再び代表のユニフォームに袖を通した。

萩本さんから励まされてから、1カ月後のことだった。

もちろん、復帰を決断したのは、その言葉だけがすべてではない。だけど、萩本さんのあの優しい語りかけが、ひとつのきっかけとなったことは事実だ。

3年後、南アフリカワールドカップのピッチに立つことができて、アウェー大会で初の決勝トーナメント進出を果たしたことを考えれば、あの言葉にはいくら感謝してもしきれない。

僕が萩本さんからもらったのは「笑い」だけではない。

「もうちょっと頑張んなよ」のひと言で、新たな一歩を踏み出すことができたのだ。

そういえばその後、萩本さんが最後に添えてくれたひと言も忘れられない。

「あきらめちゃダメだよ」

簡単な言葉かもしれないけど、とてつもない力を持っていた。

◆人を動かす言葉は突然やってくる

同じく、代表復帰を決めた時に欠かせない言葉をくれた、いや語った人がいた。彼の言葉は僕に大きな衝撃を与えた。きっと彼はそんなことを考えもしなかっただろうけれど。

僕にとってサッカーの次に好きなスポーツはバスケットボールだ。

中学３年生でサッカー部を引退した時に、卒業までの間、自主トレも兼ねてバスケットボールをやっていたこともある。アメリカのＮＢＡも大好きで、特にマイケル・ジョーダンの大ファンだった。

僕が高校に入学してしばらくしてから、日本のバスケットボール界にもスーパースターが現われた。田臥勇太くんだ。

僕より３学年下の田臥くんは後に「日本のジョーダン」と言われるほどの天才プレーヤーで、バスケの名門、秋田県の能代工業高校に入学するとすぐにレギュラーとなり、３年連続でインターハイ、国体、全国高校選抜を優勝。在学中、史上初の９冠を成し遂げた。

バスケが大好きな僕がニューヒーローの存在を知った時は大興奮だった。そして年下ながら僕の中では、すっかりスター選手となった。当時は、いつかNBAへの道を切り開いてくれるだろうと期待していたけれど、何年後かにその通りになって、フェニックス・サンズの一員としてNBA初の日本人プレーヤーになった。

幸運にもその田臥くんと知り合う機会が訪れたのは、2006年の夏ごろだった。それも偶然だった。

知人と焼き肉屋で食事をしていると、少し離れたテーブルに見覚えのある顔があった。信じられないことに、田臥くんだった。それまでまったく面識はなかったけど、僕には一発で分かった。なにせ、僕にとってのスターなのだ。

少し迷ったけど、この機会を逃してはいけないと思い、テーブルまで歩み寄ると、連絡先を交換してもらった。今振り返っても、まったくの初対面なのに、我ながらすごいことをしたと思う。それがきっかけで、僕らはメールを交換したり、たまに食事に行ったりするような仲になった。

すぐに打ち解けることができたのはアスリート同士というだけでなく、お互いに食事や生活のリズムに気を付けているタイプだったことも大きかったように思う。田臥くんとは一緒にいて気を使わなくてもいいのだ。
そして2006年のドイツワールドカップの直後。日本代表からの引退を決めていた僕は、田臥くんにも直接報告しようと思い、食事に誘って決意を伝えることにした。田臥くんは最初だけ驚いたような顔をしたけど、僕の選択に反対する素振りは見せなかった。代わりに、自分の置かれた状況をとつとつと語り始めた。

「日本じゃ野球やサッカーと違って、バスケってまだそんなにメジャーじゃないし、僕は日本のバスケ界を変えたいんですよ。何もしなかったら、バスケ界も何も変わらないじゃないですか。もっと、バスケをやりたいという子どもも増やしたいですしね」

普段から話を聞いていると、確かにバスケ界を取り巻く環境は厳しいものだった。選手の収入も野球やサッカーほどは高くはないし、日本にはリーグも2つあって、なかなかバスケ界全体がひとつの方向に向いていかないようだった。代表レベルで見れば、アジアでは中東勢が強く、世界の舞台に這い上がっていくことも難しい。
言葉の端々から、田臥くんの自分が先頭に立ってバスケ界を引っ張ろうという意気込みが伝わってきた。

「またＮＢＡに行ってトライして、バスケット界を盛り上げたい」

「世界で戦えるレベルまでいかないと、なかなか世間の認知度は上がらない」

そんなふうに熱く語る姿は、日本代表という舞台から下りる決断をした僕には、眩しく映った。

僕はその時は自覚していなかったけど、無意識のうちに田臥くんのそのチャレンジ精神に刺激を受けていたのだと思う。しばらく経ったあと、ふと気が付くと、田臥くんの言葉を思い出している自分がいた。

当時は、２００６年のドイツワールドカップで日本代表がグループリーグで敗れたことにより、サッカー人気自体が低迷していた頃だった。まだ、自分はトップでやれるかもしれないのに、最高峰の舞台を避け続けている。果たしてそれでいいのだろうか。田臥くんはもっと恵まれない状況の中で、どうにかしようともがき続けているのに、自分はあまりにも不甲斐なくはないか。

僕は時が経つにつれて、そう自問するようになった。

結局、その後、僕が日本代表に復帰したのは、田臥くんに触発された部分が大きい。サッカー界を盛り上げるためにも、もう一回挑戦してみよう、という思いだった。

その3年後に南アフリカワールドカップを戦っている最中にも、田臥くんはメールでちょくちょく励ましてくれた。そう考えると、いつも助けられてばかりだ。

ちなみに、僕が代表復帰をした理由を伝え聞いた田臥くんは、相当驚いていたみたいだ。「そんな大それたことは言ってない」と、謙遜していたらしい。

僕にとっては、大きな言葉だったのだけど、話す方は特に何かを与えようとして話したわけではない。言葉の力っておもしろい。

◆結果を求めすぎるからあきらめてしまう

言葉の力を侮ってはいけない。多くの言葉に出会いそう思わされた僕にとって忘れられない言葉がある。出会ったのは２００７年の頃だ。あの時は、鳥肌が立った。

皆さんは「10年ルール」という言葉を聞いたことがあるだろうか。

一流のプロフェッショナルになるためには10年のキャリアが必要だという考え方で、最近ではビジネス界でも広まりつつある概念らしい。ある時、それを聞いて「やっぱりそうなのか」と思った。

これを目にしたのは、ドイツワールドカップが終わった1年後、２００７年の頃。『働く理由』（戸田智弘・著／ディスカヴァー21）という本を読んでいると、高橋克彦さん（小説家）の言葉が紹介されていた。

「その2、30人の中でぼくが1番うまかったから物書きになったのかというと、絶対違うんです。

わずか、2、30人の中でもぼくよりうまかったのが最低でも5、6人はいました。

その当時、絶対にぼくより才能があった。

その連中がひとりも物書きになっていないのは、仕事とか家庭の問題とかであきらめただけなんです。

小説を書くということはそれほど難しいことでもないと思うんです。

ただ書き続けるというか、書きたいという願望を持ち続けられるかどうかが1番の問題なんです。

これは小説家としての問題だけではなくて、夢を持ったときに、どんなものでも今の世の中は10年その願望を持ち続ければ、必ず成就するというふうに思いますよ。

10年間なにかに熱中するということは、好きなことであってもなかなか難しい。

逆にいうと10年間頑張るという気持ちでいれば、たいてい成就します」


活字に馴染みのなかった僕は当時知らなかったのだけれど、高橋さんは吉川英治文学賞や直木三十五賞を受賞された素晴らしい作家さんで、この文によると、高橋さんは、才能でもなんでもなく、10年間「ただ書き続けたから」こそ作家になれた、と言うのだ。偉大な作家さんと僕自身を比べるのは失礼かもしれないが、あまりに自分自身の状況と似通っていることに衝撃を受けた。

振り返って考えてみると、僕も、まさにそのような人生だったのだ。

子どもの頃からとりたててサッカーがうまかったわけでもなければ、エリートだったわけでもない。学生時代に地域の選抜チームに選ばれたこともないし、全国大会にも一度も出ていない。逆に、僕が生まれ育った埼玉県は全国でも強豪の部類に入るため、周りにはうまい選手がゴロゴロいた。

埼玉県でもサッカーがあまり盛んではない地域に育ち、競技を始めた時期も遅かった僕は技術面でかなり出遅れていて、小学校、中学校、高校とコンプレックスの塊だった。だけど、僕が彼らに負けなかったことがひとつだけある。

決して夢をあきらめなかったことだ。

「プロのサッカー選手になりたい」と思ったのが小学校6年生で、11歳の時。それから一度たりともその夢をあきらめなかった。そして、ヴェルディ川崎とプロ契約を交わしたのは21歳の時だった。ぴったり10年である。

それだけではない。ワールドカップ出場を目標に掲げたのが、高校を卒業する18歳の時。卒業文集に決意を込めてそう書いた。そして、実際にワールドカップのピッチに初めて立ったのが28歳になった年だった。これも、ぴったり10年。高橋さんの文章を読んで、鳥肌が立った理由が分かってもらえるだろう。

想像でしかないけれど、高橋さんも同じような感覚なのではないだろうか。よくあきらめずに頑張れば夢は叶う、と言うけれど、「あきらめない」とはそのくらい長い時間を必要とする。

きっと最初から**「10年って長いなぁ」と思ってしまう人は、「10年ルール」には向かない。そういう人たちはおそらく、すぐに結果を求めてしまう**からだ。

「なぜ、周りから評価されないのだろう」

「どうして俺は、昇進できないんだ」

「調子がいいんだから、監督試合に出してくれよ！」……。

僕に関していえば、「気が付いたら10年経っていた」という感覚だった。当然、始めから、10年先を見据えて、サッカーをしていたわけではない。ただ人一倍、下手くそだ、という自覚があったから、とにかくがむしゃらに練習をしていただけだ。

なにせ、年下の子たちのほうがうまかったくらいだ。人より練習するしかないと思って、日々、がむしゃらにボールを蹴っていた。日が暮れるまでグラウンドにいて、ボールが見えなくなると体育館に移って練習を続けた。毎日、毎日、コツコツ、コツコツ続けてきたら、気が付けば、Ｊリーガーになっていたという感じなのだ。

それくらい何かに没頭できる人、あるいは没頭しようとする気概がある人が、最終的に夢を摑むことができるのではないだろうか。日々の出来事に一喜一憂せず、結果を気にしないで、とにかく地道な努力を積み重ねていく。そのくらい熱中できれば、10年なんてあっという間のはずだ。結局、前を向いて〝やめない〟人だけが、その先にあるものを見ることができるのだ。

僕の場合は、人よりも下手だったことが良かったと思っている。確かに、昔は「なんでこんなに下手なんだ」と、何度も落ち込んだ。けれど今思えば、中途半端にうまかったらどこかで満足して、成長を追い求めなくなったかもしれない。もちろん、突き抜けた才能を持っていれば、そんなに苦労はしないのだけれど、僕は天才という柄じゃないし、努力する習慣を身につけたからこそ、選手としての寿命が伸びたのだとも感じる。

とにかく、10年という歳月には何かしらの神通力があると僕は思う。だから僕は今もコツコツ、コツコツ、積み上げるようにしている。10年後の未来を信じて。

◆怒声を受け入れる

どんな言葉に力があるのか。言われる相手やタイミング、言い方によっても変わってくるだろう。特に、言い方というのは重要で、頭ごなしに言うことはよくない、という傾向が最近はあるように思う。けれど、僕個人のことをいえば、頭ごなしに言われた言葉——いや、あれは怒声だった——が、人生のターニングポイントとなっている。

それは、父親から放たれたひと言だった。

「絶対にやめることは許さない。
男が1度言ったことなんだから最後までやれ！
そんな中途半端でやめるんなら、最初からやるな！」

中学1年生の時だ。父親に髪を鷲掴みにされて、張り倒されたのだ。
当時、通っていた中学校のサッカー部は上下関係がすこぶる厳しく、練習環境も劣悪だった。おまけに、新入生は上級生からいじめまがいの仕打ちを受けて、小学校から一緒にサッカーを続けてきた仲間がひとりまたひとりと去っていった。

僕も自然とグラウンドから足が遠のき、「俺ももうやめようかな」と思い始めていた時だった。それを父親に伝えると、烈火のごとく怒り出し、怒声とともに、思いっきり殴られたのだ。

その頃の父親は僕の中で絶対的な存在であり、無口で、少し照れ屋で、会社から帰宅するといつもビールを片手にプロ野球中継を見ているような古風なタイプだった。なぜか風呂上がりにはパンツ一丁で腕立て伏せをしたり、辛いものが大好きで何にでも七味唐辛子をかけたり。そういう堅物そうな一面もありながら、一緒にキャッチボールをしてくれたり、大好きな焼き肉に連れて行ってくれたりと優しいところもある。僕は幼心にそんな父親を尊敬していた。

だから僕は一喝されてから、部活をやめようなんて考えられなくなった。どんなに練習が厳しくても、先輩が怖くても、言われることが理不尽でも、とにかくサッカーをやり続けた。父親に怒られたくない一心だった。はっきり言って、父親が怖かった。

けれど、おかげでサッカー選手・中澤佑二の原点が作られた。練習では一切手を抜かなくなったし、サッカー選手として半端なことを決してしないように心に決めた。プロになってからは、お酒を一切飲まず、夜更かしもしないような生活を周囲からストイックと言われることがあるが、それはサッカーが下手くそな自分がそんな「中途半端」なことをしていてはいけない、と思ってのこと。父親のあのひと言が潜在意識に働いていたように思う。

はっきり言って、強制ともいえるような感覚だったかもしれない。けれど、それがなければ、今の僕は存在しないことも確かなのだ。

そう考えると、父親の言葉の力は絶大だった。

別に父親も僕に結果なんて求めていなかったはずで、ただ、いったん始めたことを簡単にあきらめるようでは、何をやっても大成するわけがないということを伝えたかったのだろう。

今になって考えてみると、本当にその通りで、僕の周りを見渡しても、途中でやり始めたことから逃げるような人はだれも成功していない。

僕が一度言い出したことを簡単に投げ出さなくなったのも、間違いなく、父親の影響だ。

「プロサッカー選手になる」と「ワールドカップに出る」。

この僕のサッカー人生の二大目標へも、最後まで脇目もふらず走り続けることができた。つまり、今の僕があるのは昔の厳しい教育があればこそであり、父親の言葉のおかげだった。

だから、**いくら嫌な言葉でも、怒声混じりの理不尽な言葉でも、簡単に否定すべきではない**。僕のように、振り返ってみると大きなターニングポイントになっていることもあるからだ。

どんな言葉であっても最初から否定してしまっては、その言葉も力となってくれないと思う。

果たして父親はあの言葉を覚えているだろうか。

昔は厳格だった父親も、最近はめっきり優しくなった。ときどき電話がかかってきて、

「いい居酒屋を見つけたから飲みに行かないか」

なんて言ってても来る。現役の間はお酒を口にしない、と決めている僕は当然ながら断る。けれど、内心はとても行きたいし、ちょっと嬉しい。昔からは想像できない関係になれて、「そうか、父親も〝いいおっちゃん〟なんだな」なんて笑みがこぼれて

しまうのだ。

変わらない部分もある。節目などの試合で、両親をスタジアムに招待をしようと連絡をすると決まって言うのだ。


「お前からチケットは貰わない。自分で買って観に行く」

「(選手である)僕が手配すれば、駐車場は用意できるし、いい席から試合を観られる」と言っても頑として譲らない。なんでそんなところで頑固なんだろう、と思いながらも昔の父親に触れたような気がして、ちょっと心を打たれたりする。


父親に植えつけられた、初志貫徹の人生哲学。

男が一度言ったことは絶対にやり通す姿勢。

その信念はおそらく死ぬまで僕の中に生き続けるのだと思う。

ただ一方で、年を重ねるごとに、あまりにも大きな夢であったり、実現が難しそうな目標を軽々しく口にできなくなったような気もする。どうしても、一度言い出した「言葉」には責任を持たなくてはならないと考えてしまうからだ。

例えば、今の若い世代のプレーヤーたちは怯むことなく、何でも言葉にして言う傾向にある。南アフリカのワールドカップの時も、本田圭佑が「俺は優勝しか目指していない」と宣言していたけど、どうしても僕は「ワールドカップ優勝！」と声を大にして言えないのだ。なぜなら、そこにたどり着く道筋がまったく見えないうちは、自分の中で覚悟を固められないからである。

それがいいのか、悪いのかは分からない。でも、僕なりに、周りに対して公言することの意味や影響力を分かっているつもりだし、それは自分自身が成長していく中で培ってきたキャラクターなのだと思っている。

そのくらい「言葉」の意味は重いし、人生を変える力を持っていると思う。

言葉の使い方は人それぞれでいい。圭佑はそれをあえて口に出して言うことで、自分にプレッシャーをかけ、それを力としているのだろう。**重要なことは「言葉の力を意識する」ということ**なのだ。

◆何気ない言葉にこそ力がある

僕のサッカー人生においてもうひとりの父親といえるような存在がいる。最大の理解者でもある三郷工業技術高校サッカー部監督だった村田義昭先生だ。

村田先生は僕が高校時代に「プロ選手になりたい」と言った時、決して笑わなかった。当時、僕の言葉を否定しなかった唯一の存在といっていいくらいだ。

まだ高校に入学したばかりの頃、卒業後にブラジルにサッカー留学をしたいと話していたことを覚えてくれていて、高校3年生の夏に短期留学の話も持ってきてくれた。だから、先生の支えがなければ、僕はプロになれていなかっただろう。

そんな先生からは、数限りない言葉をかけてもらった。そして、何度も救われた。

プロの世界に飛び込もうという時期には、最高の手向けの言葉もくれた。

「いつでも戻ってこいよ」

「土のグラウンドだけど、いつでもサッカーをできる状態を作っておくから、好きな時に

来て後輩とサッカーをしていけ」

ありきたりな言葉かもしれない。

けれど、プロの世界にわくわくしながらも、不安な気持ちが大きかった僕の背中を押すには十分すぎる言葉だったし、その後、この言葉のおかげでつらい時期を乗り越えることができた。というのも、村田先生の言葉のおかげで、プロになって以降も高校に足を運びやすかったからだ。

自主トレでグラウンドを使わせてもらうこともあったし、後輩たちと何の気兼ねもなくサッカーに興じることでストレス発散ができた。

プロの世界はサバイバル競争が激しく、同じクラブに所属している仲間でも、結局はみなライバルのようなもの。そんな世界で日々しのぎを削っていると精神的にも肉体的にも疲労し切ってしまう。その時に、立ち帰る場所がある、と思わせてくれたことはすごくありがたかったのだ。

この言葉に一番助けられたのは、2002年の日韓ワールドカップ直前、土壇場でメンバーから落選した後のことだ。ずっと目指していた日韓ワールドカップを逃し、気持ちはどん底だった。そんな時に、村田先生のところに行って後輩たちと戯れたことを今でもはっきりと覚えている。僕にとっては、プロという厳しい舞台で戦うための、一時の安らぎとでもいおうか。自分の原点に戻って、再び走り出すエネルギーを充電することができたのだ。

　僕は村田先生が転勤しても、その転勤先の学校に足を運んでいる。それでも先生は嫌な顔ひとつしないし、そうやって、いつでも僕の帰る場所を用意してくれている。まさか先生も、こんなに毎回、戻ってくるとは思っていなかったに違いない。

　食事に行っても、「お前の方が稼いでるんだから、そろそろいいんじゃないか」と言いながら、なんだかんだとご馳走してくれる。僕がどんなに成功しても、逆に落ち込んでいても、先生の態度が変わることはないし、ずっと昔のまま接してくれるのである。

　なにより、どんな時も先生は僕に何があったか聞いてこない。ただ、僕を受け入れてくれるのだ。だから、こちらも気が済むまで後輩たちと過ごすことができるのだ。

　聞くところによると先生は、

「あいつは、落ち込んだり、何かあった時にしかうちに来ないんですよ。うちに来ないということは、あいつが元気な証拠ってことですから」

　と話していたらしい。よく分かってくれている。

村田先生にはかれこれ20年近くお世話になりっぱなしだ。そんなふうに何があっても変わらない関係というのは貴重だし、いつでも迎え入れてくれる先生には本当に感謝している。

ちなみに、高校時代に先生に言われたことで一番印象に残っているのは、まったくサッカーとは関係ない言葉だ。

高校3年生の時、サッカー部のお別れ会の席で、先生は言った。

「女は殴るなよ」

そのひと言でお終い。みんな、あ然とした。その後、爆笑した記憶があるけど、今思えば、あれは村田先生の指導を象徴するような言葉だと思う。

とにかく先生はサッカーの指導よりも、礼儀や生活態度の面で厳しかった。日ごろのあいさつや部屋の片付け、ボール磨きやグラウンドの整備など。そこで手を抜くような生徒は例外なくこっぴどく叱られる羽目になった。

そういえば、もうひとつ、忘れられないひと言がある。

「飯は残すな」

これも別にサッカーとは関係ない。でも、技術的指導よりもそのような何気ない言葉の方が脳裏に焼きついているのだから不思議なものだ。

そんなふうにして生徒の人間形成を重んじていた先生だから、教え子の気持ちもしっかりと汲み取ってくれたのだと思う。

◆言葉をかけられる存在になる

僕を支えてくれた人たちの忘れられない言葉はまだある。今となってはそのすべてが、自分の力となっていたことを実感している。

実は僕にとって、気心が知れていて、まったく気を使わなくていい仲間というのは数少ない。ほとんどの人が「プロサッカー選手になる」という僕の夢を信じてくれず、相手にもしてくれなかった。その中で、温かく励ましてくれたのが、小学校時代から一緒だった数人の友人たちだ。

彼らは中学時代にサッカーをやめていったけど、最後まで競技にしがみついていた僕をずっと応援し続けてくれた。

「絶対にプロになれるから最後まであきらめるなよ。もし何かあったら、いつでも地元に帰ってこいよ」

そんなふうに声をかけてくれて、僕が地元に帰るといつも温かく迎え入れてくれた。

夢に向かって無我夢中で走り続けている最中であっても、ずっと張り詰めた空気でいることは難しい。だれかに愚痴りたい時もあるし、ストレスを発散したいこともある。高校サッカー部の恩師である村田先生も相談相手になってくれたけれど、年齢が近い仲間とは、何でも語り合えるし、先生とはまた違う意味でありがたい存在だった。

ヴェルディで練習生をやっていた頃は、たまのオフに地元に戻ると、彼らと一緒に食事に出掛けることも多かった。彼らは僕を励ますために、いつも決まって地元でつながりのある仲間に声をかけてくれた。多い時で、20人ほどは集まっただろうか。

そんな日は、完全に僕を主役に据えてくれるのだ。

まず食事だ。その頃、収入がゼロで（ヴェルディ練習生時代は無給だった）生活費すべてを親におんぶに抱っこだった僕は余分なお金など持っていない。彼らはそういう状況を理解してくれていて、

「お前、お金ないんだろ？　いいよ、食わせてやるから、食べていきなよ」

と言って、いつも食事をご馳走してくれるのだ。

こちらの体調も気遣ってくれて、タバコを吸う者もいるのに、その日だけは完全禁

煙制になる。普段の調子で吸おうとしている人がいると、すぐに、

「タバコは今日はダメだぞ。吸いたかったら外で吸え」

と厳しい声が飛び交う。

そして夜遅くまでいられない僕を決して引き留めようとしない。カラオケに移ってからはみんな夜な夜な歌いまくるのに、僕に対しては、

「好きなだけ歌えよ。で、歌ったら、お前は帰れ」

だから僕は、決まって大好きなSMAPの『セロリ』を思う存分、熱唱して引き上げるのだ。もう、最高のストレス発散だ。

その頃の僕は食事でも、カラオケでもお金を払った記憶がない。それくらい、彼らは僕に対して気を使ってくれていた。

たまに真剣な話になった時は、グッとくるような言葉も投げかけてくれた。

「お前は俺らの星だからさ。（地元の）吉川でも応援してるやつらはいるから、がんばってな」

まだ練習生でプロになれる手応えなんかまったくない僕に、「俺らの星」なんて言ってくれるのは彼らくらいだったし、本当にうれしかった。

そうやって苦労した時に支えてくれた言葉というのは、いつまでも心に残っているものだし、何年経っても関係性は変わらない。

そういう仲間は意識して作ろうと思っても作れるものではないし、これからも大切にしたいと思っている。現役でいる限りは思い切って夜遊びもできないけど、いつか、彼らに恩返しできる日が来ることを願っている。

翻《ひるが》って考えると、自分も、**友人や村田先生のような「言葉」を周りにかけてやれる人間になりたいと思う。苦しい時に、相手のことを思える存在**でありたい。

◇語り合った夢は力になる

時に人との約束は、自分を奮い立たせる原動力となる。

僕は18歳の時に、ある選手と将来を誓い合った。ジウベルト・シウバというひとつ年上のブラジル人選手だ。

僕がブラジルに留学している時、ジュベットというあだ名で親しまれていた彼はユースチームに所属しながら、すでにトップチームにも呼ばれるような優秀な選手だった。彼はボランチとセンターバックをこなすプレーヤーで、センターバックを専門でやっていた僕にとっては強力なライバルだった。ジュベットがトップで練習していて不在の時には、僕も練習試合などに出場できるのだが、公式戦になると決まって彼が起用されるから、僕はどうしても控えに回ってしまう。

だけど、彼のプレーは見ているだけでも、すごく参考になった。しかも、人間的にすごくいいヤツで、日本というサッカーの発展途上国から来ている僕に対しても、偉ぶることなく、親切に接してくれた。

ある時、そんな彼と将来の話になった。

僕は「ゆくゆく日本に戻ってJリーグでプレーして、最終的にはワールドカップに出たい」という夢を語ると、彼は馬鹿にした様子を見せず、しっかりと耳を傾けてくれた。

そして、彼は言った。

「俺も絶対にプロになってブラジル代表になってみせるよ」

あの時の真剣な眼差しは、今でも忘れられない。

その言葉通り、ジュベットはとんとん拍子で階段を上っていった。

ジュベットはすぐにトップチームへと昇格し、しばらくブラジル国内で活躍すると、2003年からはイングランド・プレミアリーグの強豪、アーセナルで主軸を担うようになった。同時期には、ブラジル代表でもレギュラーを張るようになり、早々と自分の夢を実現させてしまった。

その頃、日本に戻り、Jリーグでプレーするようになっていた僕の耳にも、彼の活躍は届いていた。ジュベットが有名になればなるほど、大きな刺激になったし、僕も負けてはいられないと思ったものだ。向こうからすれば、日本でプレーしている僕のことなど知るよしもないだろうけど、彼と交わした言葉はいつも僕の心の片隅にあった。僕にとってはずっと変わらず、良き友であり、目標となる存在だったのだ。

そんな僕たちが、幸運にも再会する場が訪れた。しかもピッチ上で。

２００６年のドイツワールドカップだ。

グループリーグの最終戦。対戦相手のブラジルはロナウドやロナウジーニョらそうそうたる顔ぶれの中で、ジュベットも先発メンバーとして名を連ねていた。この試合で日本代表は2点差以上で勝利することができれば、決勝トーナメントに出場する可能性が生まれる。

僕は、出場停止だった宮本恒靖さんに代わってキャプテンマークを託され、どうにか決勝トーナメントへの出場権を獲得しようと、死に物狂いでブラジルの猛攻をしのいでいた。それが実を結んだのか、前半34分に玉田（圭司）のゴールで日本は先制。

しかし、その後、一段ギアを上げたかのようなブラジルの攻撃に4失点で逆転負け。

この時点で、日本のグループリーグ敗退も決まった。

試合後、ショックに打ちひしがれている僕に、「久しぶり」と声をかけてきたのが、ジュベットだった。話をしたのは実に10年ぶりで、お互い近況を報告し合い、今後の健闘を称え合った。最後はユニフォームを交換して別れた。

それは数分にも満たない、ほんの短い間だったけど、僕にとっては何物にも代え難い時間だった。ブラジルのクラブのユースチームで出会い、夢を語り合った僕らが再び巡り合ったのは練習試合や親善試合ではなく、ワールドカップという真剣勝負の場だった。別々の場所に散ってからも、変わらずに努力し続けてきたからこそ、僕らは再び巡り合えたのだと思う。僕にとっては、10代の頃、足元にも及ばなかった偉大なライバルにどれくらい近づけたのか、再確認できた場でもあった。

何より、僕はかつての約束を果たせたのがうれしかった。

もちろんジュベットとの約束のためだけに頑張ってきたわけではない。特にブラジル戦の前には自分たちのことで頭がいっぱいで、彼のことなどほとんど考えられなかった。だけど、いざ彼と同じピッチに立つことができた時、僕の胸は熱くなった。まさに僕のサッカー人生のハイライトといっていいようなシーンだったと思う。

僕がまだ現役を続けているように、彼もまだ母国のブラジルに戻ってプレーしているようだ。直接、情報が入ってくるわけではないけれど、サッカーに対して真面目な男だから、体力が続く限りはずっとピッチに立ち続けることだろう。

もし彼がまだまだ一線級でやれているのであれば、僕も負けられない。

彼の存在自体が、そして、あの言葉を実現できたことが、僕の闘志を駆り立ててくれるのだ。

◆言葉を知ることで、過去、現在、未来がつながる

ここまで僕にとって力となった言葉を紹介してきたけれど、僕がずっと言葉の力を意識していたかというと実はそういうわけではない。

そもそも20代前半の頃の僕は典型的な「活字音痴」だった。何かを読むとしても、『少年ジャンプ』や『ヤングマガジン』。小説もほとんど読まなかった。

そんな僕が活字を意識するようになったのは、20代後半からだ。ちょうど、2006年のワールドカップが終わったあたりに、代表でもチームでも、若い選手が増え、自然と先輩たちの数が少なくなっていった時期だ。

その時思い知ったのが、自分の教養のなさだった。何かを伝えようとしても、言葉が出てこない。

このままでは、人の上には立てない――。

そんな危機感から、言葉を意識し始めた。

折しも当時、新しく代表監督に就任したのが、あのイビチャ・オシムさんだった。サッカーに限らず幅広い知識を持っていて、いろいろな例えを持ち出しながら選手に

もメディアにも語りかけていた。あの時感じたことは、オシムさんの言葉によって、メディアの人たちも「言葉」に敏感になり、サッカーを伝える際のバリエーションが増えたのではないか、ということだ。

僕自身も、サッカー以外のいろいろなことを知っておくことが重要だ、と痛感した。そうして、活字音痴の僕がまずしたことが、本屋に行くことだった。とにかく、活字に縁がなかったから、何がいい本なのか、皆目見当もつかない。とりあえずジャケットで目についたものを手に取り、パラパラと中を覗き、立ち読みをする。その立ち読みでどれだけのめり込めるかを自分の判断基準にした。今だから言えるけど、最初はほとんど立ち読みで、なかなかレジに持って行くまでいかなかった。

本屋の店員さんは、「なんだ、やたらでかい奴がずっと立ち読みしてるぞ」と、不快に思ったかもしれない。

そうやって徐々に言葉へのコンプレックスを除いていき、本を購入するようになっていった。すると、少しずつだけど、自分が成長していくことを実感できるようになってきた。

例えば、ある言葉を見て、「あ、なるほどな、自分のやってきた生き方と同じだ」とか「今の自分と同じところ、違うところ両方あるな」とか「これから自分が生きていくうえで、こういう考えのもとでやっていけば、また目標を達成できるかしれない」と感じたりする。

つまり、**言葉を知ることで、自分の過去、現在そして未来が一本の線になってつながっていく**のだ。そうすると自分の視野もどんどん広がっていく。

言葉の力を意識するだけで、自分の過去に新しい発見があり、現在の自分が分かり、未来への指針となる——。活字音痴の僕ですらできたのだから、決して難しいことではない。今でも僕はそんなに難しい本を読んでいるわけではないし、そもそも言葉との出会いは本だけではない。

たくさんの情報が溢れる現代に、自分に当てはまる言葉を探すことは難しくないはずだ。**要は常に言葉を意識しているか**どうか。

それだけでも、自分を大きく前進させてくれるモチベーションになると感じるのだけれど、皆さんはどう思うだろうか。

第2章　言葉を思考に結びつける

P.64

多くの人が、僕にも「お前には無理だよ」と言った。
彼らは、君に成功してほしくないんだ。
なぜなら、彼らは成功できなかったから。
途中であきらめてしまったから。
だから、君にもその夢をあきらめてほしいんだよ。
不幸な人は不幸な人を友達にしたいんだよ。
決してあきらめては駄目だ。
自分のまわりをエネルギーであふれたしっかりした
考え方を持っている人で固めなさい。
自分のまわりをプラス思考の人で固めなさい

――マジック・ジョンソン（元NBA選手）

P.91

ジョーダンじゃないよ！
練習生がテーピング？
ふざけるんじゃないよ！
10年早いよ！

――ラモス瑠偉（元ヴェルディ川崎）

P.112

お前、付き合い悪いよ

――先輩たち

P.70

キャプテンは長谷部（誠）でいく

――岡田武史（元日本代表監督）

P.96

不安な自分をネガティブなものとして
切り捨てようとしがちだけど、そうじゃない。
メンタルが弱いって悪いことじゃないし、
むしろ、びびっているくらいのほうが
結果を出せるんですよ

——米田功（体操アテネ五輪金メダリスト）

P.107

ブラボー、ブラボー

——イビチャ・オシム（元日本代表監督）

P.85

どうして日本人は金を払って
サッカーをやりに来るんだ？
サッカーは金を稼ぐためにやるもんだろ。
金を払ってやるもんじゃないぞ。
お前らはバカだな

——ブラジル人チームメート

P.101

「趙雲の姿勢」

——三国志

P.75

前向きになれる
スイッチを探す

——中澤佑二

P.80

未来を願うな。
ただ今日成すべきことを成せ

——釈迦

力となる言葉をどう捉えればいいか。

前にも少しふれたけど、僕はそれを自分に当てはめていく。そして、自分に合うと思ったものは、言い方は悪いかもしれないけれど、パクって、自分なりの経験、解釈とあわせて自分にとっての思考、指針につなげている。

言葉を探し始めた頃に出会い、衝撃を受けたのはマジック・ジョンソン（元NBAプレイヤー）の言葉だ。

「

「お前には無理だよ」と言う人のことを聞いてはならない。

もし、自分で何かを成し遂げたかったら、できなかったときに他人のせいにしないで、自分のせいにしなさい。

多くの人が、僕にも「お前には無理だよ」と言った。

彼らは、君に成功してほしくないんだ。

なぜなら、彼らは成功できなかったから。

途中であきらめてしまったから。

だから、君にもその夢をあきらめてほしいんだよ。

不幸な人は不幸な人を友達にしたいんだよ。

決してあきらめては駄目だ。

自分のまわりをエネルギーであふれたしっかりした考え方を持っている人で固めなさい。

自分のまわりをプラス思考の人で固めなさい。

近くに誰か憧れる人がいたら、その人のアドバイスを求めなさい。

君の人生を変えることができるのは君だけだ。

君の夢が何であれ、それにまっすぐ向かって行くんだ。

君は、幸せになるために生まれてきたんだから」


この言葉は、2007年の初めに前出の『働く理由』で見つけた。僕はこの言葉に自分の過去の姿を見た。

「プロになれるかどうかも分からないのに、サッカーを続けていくのって苦しくなかったですか？」

僕の過去を知っている人からはよく受ける質問だ。

確かに、周りから見れば、僕のようなタイプのプロ選手は珍しいのだろう。

高校までプロのスカウトの目に一切触れることなく、卒業と同時にブラジルに留学。1年後に帰国した時も、将来のあてなんてまったくなく、すぐに母校の三郷工業技術高校サッカー部の練習に合流した。朝と放課後の練習に参加するために、自宅と高校を2度、往復する毎日。試験期間中で在校生の練習がない時にはひとりでグラウンドに出てボールを蹴っていて、帰宅していく生徒から奇異の目を向けられた。その頃は、Jリーグのクラブに履歴書を書きまくったけど、一切返事が来なかった。

だけど、僕はプータロー（今ではニート？）の時に苦痛を感じた記憶がない。というのも、母校での練習はすごく充実していたし、後輩たちとボールを蹴ることが心底、楽しかったからだ。ブラジルに留学していた頃に一緒になった日本人には、プロを目指してひとり公園で練習しているなんて話も聞いていた。それに比べれば、一緒に練習できる仲間がいることだけで、本当に幸せだった。だから、先ほどのような質問には、いつもキッパリ「NO」と答えている。

それよりも、当時の僕は周りの「マイナス」のパワーに取り込まれないように、必死だったように思う。

小学校6年生でサッカーを始めた頃から「プロになりたい」と言い始めて、高校に入学した時にはすでに、卒業後にブラジルに渡ることを決めていた。その頃は、周りから「お前がプロになんてなれるわけがないだろ」とバカにされ、嘲笑の的だった。もちろん、下手くそな僕が言い返しても、何の説得力もない。「今に見てろよ」という気持ちで、ボールを蹴り続けた。その時は苦しいという感覚よりも、反骨心で胸がいっぱいで、逆に夢に向かう原動力をもらっていたような気がする。

その後、僕はプロ選手になった。多くの人が無理だ、ということを成し遂げることができたのだ。

ここでマジック・ジョンソンの言葉だ。なんて素敵な言葉だろう、と僕はこれを読んで感じたし、まさに自分のサッカー人生そのものでびっくりした。事実、僕は「お前にプロは無理だ」と言った人たちとは仲良くなっていなかった。今でも付き合いがあるのは、あの時、僕にポジティブなエネルギーをくれた人だけなのだ。

プロになってからも、同じような状況に直面したことは何度もある。

2002年の日韓ワールドカップのメンバー入りを目指して頑張っている時、あるいは、横浜F・マリノスで優勝を目指している時、あるいは、日本代表で勝利を目指している時。こちらが必死にやっているにもかかわらず、ネガティブな意見や批判を浴びせてくる人たちは必ず出てきた。そして、時としてそのような言葉は、心の隙間に入り込み、マイナスのエネルギーを広げていくのだ。

例えば、南アフリカワールドカップでベスト4入りを目標に掲げた時は特にそうだった。いろいろなところから、言い方は違えど「それは無理だよ」というマイナスの声が聞こえてきた。

だけど僕はそんな声に耳を貸すことはなかった……と言えば聞こえはいいかもしれないが、実際は僕はそのマイナスの力を必死に排除しようとした。

「マジックも言っている。無理だと言う人のいうことを聞いても仕方がないんだ。むしろプラスのエネルギーを持っている人のそばに行こう」

そう思って、目標に向かって進んだ。そしてこうも思うようになった。

プラスのエネルギーよりもマイナスのエネルギーの方が周りに伝播しやすいんだ。マイナスのエネルギーを発する人のそばに行かないだけじゃなく、自分自身がプラスのエネルギーを発することができる人間になろう。

南アフリカワールドカップ前に、チームの流れが悪くなった時も、絶対に後戻りだけはしないよう、プラスのエネルギーを発するために、自分にも、仲間にもこう言い聞かせるようにしていた。

「できる、できないじゃない。やるか、やらないかだ」

「無理だ」という人が多ければ、その分「ナニクソ」という反骨心も生まれやすい。それをなんとかエネルギーに変えて、ひとりでも多くのチームメートたちが「まずはトライしよう」という空気を出してくれるように心がけたのだ。

この考えには自分を追い込む意味もある。やるか、やらないかは自分次第であり、人のせいにできないからだ。

「何事も他人のせいにしないで、自分のせいにする」

そう考えることができるようにもなった。

こうして僕はマジックの言葉を知り、自分なりの思考、行動指針をつくっていったのだ。

昔からバスケットボールが好きでNBAもよく見ていたけど、僕はマイケル・ジョーダンのファンだった。でも、これを見て一気にマジックのファンになってしまった。

こんなふうに思いを表現できるなんてすごいことだと思う。

◆笑える男になろう

２０１０年の南アフリカワールドカップの開幕直前、僕は日本代表宿舎のホテルの監督室に呼ばれた。少し緊張した面持ちの岡田監督がおもむろに口を開く。

「キャプテンは長谷部（誠）でいく」

日本代表自体の流れが悪いというのがその理由だった。僕はただ頷くしかなかった。ショックを受けなかったと言えば嘘になる。

もともと、キャプテンを務めていた川口能活さんがワールドカップ予選の途中で試合に出られなくなってから主将を任されるようになったという経緯があったから、ずっと能活さんからキャプテンマークを預かっている感覚でいた。

キャプテンだからといって何か特別なことをしたという意識はない。ドイツワールドカップで主将を務めた宮本恒靖さんのような統率力もなければ、能活さんのようなカリスマ性もない。ただ、僕が日ごろの生活や練習から見本となるような行動を取ることで、少しでも周りを引っ張っていければいいと思い、自分なりに精一杯やってきたつもりだった。

それが本番を目前にして、交代を告げられたのだ。直後は「自分の何がいけなかったのだろう」と考えたし、少し油断すれば、気持ちが落ち込んでいきそうな感覚もあった。やはり、結構なショックを受けていたのだ。

だけど、プロのアスリートは往々にしてそういうことがある。

突然、レギュラーを外されたり、ベンチメンバーから漏れたり。そのような時に、集中力を欠いてしまえばどうなるか。これから大一番に挑もうというチームに迷惑をかけてしまうだろう。しかも、僕が暗くなって一番やりづらくなるのは、次を任される長谷部だ。だから、僕はそのような態度を見せないように、普段以上に努めて明るく振る舞った。

すぐに長谷部が困惑した様子で相談しに来たけど、過度のプレッシャーを与えないように、柔らかい口調で返したつもりだ。

「好きにやったらいいんじゃないか。そのままのキャラでいいと思うよ、キャプテンだからって特別、何かしようと思わないで、自分が思った通りにやればいい。チームの雰囲気作りとか、楽しそうにやるのは、俺とかナラさん（楢﨑正剛）とか能活さんの役目。盛り上げるからさ。まずはハセの思う通りやりなよ」

そう伝えた直後は、まだ長谷部も恐縮したような表情を浮かべていたけど、すぐに彼らしい真面目な姿勢でチームの先頭に立つようになった。

問題は、僕の方である。いきなり大役を任された新キャプテンが、迷いを振り払うように全力でやっている。前キャプテンとなる僕がどういう態度でいるかは、とても重要になる。そこで思い出したのは、こんな言葉だ。

アメリカの女性詩人で、エラ・ウィーラー・ウィルコックスという人が残した一節だ。


「人生が歌のように流れているときに楽しい気分になるのは容易だ。だが、立派な男とは何もうまくいかないときでも笑える男だ」


やっぱり、人間はどん底の時こそ、真価が問われるのだと思う。何かの壁にぶつかった時、挫折した時、目標を失いかけた時、気持ちが落ち込むのは当然だけど、殻に閉じこもっていても何も変わらない。

まさに南アフリカワールドカップの頃の僕は、そのような「笑える男」になろうとしていた。周りが気を使おうとしている中で、当の本人が笑えば、自然とチームも明るくなると思ったからだ。

プロを目指して無我夢中に突き進んでいた時期には、周りが見えずに、独りよがりな言動を繰り返していたこともある。でも、プロになり、少しずつ視野が広がっていくと、チームの雰囲気をすごく大切に感じるようになった。しかも、暗い態度は自分自身にも跳ね返ってくる。試合で起用されなかったり、あるいは、遠征に帯同できない時に落ち込んだ様子を見せていると、さらに監督の構想から外れていくのだ。

僕は時折、出番がなくて相談に来る選手にも、こう言い聞かせるようにしている。

「まず自分の長所を理解すること。それで、日ごろの練習から前向きに練習していれば、そのうちチャンスは来るよ。でも、腐ったらもう何もないと思ったほうがいい。『もう、いいや』と思っちゃったら、その時点でもう土俵に上がれない状態だから。どんな状況でも、決めるのは監督なんだから。とにかく楽しそうにやれよ」

僕はこの「楽しそうにやる」というのがポイントだと思っている。

よくつらい時ほど、前向きになれと言うけれど、実際には簡単に前向きにはなれないものだ。だけど、**「フリ」でもいいから「楽しそうにやる」**ことはできる。

楽しそうにやる、というのは、つまりは、自分から率先してやる気持ちを出すということだ。

どんな練習をするにしても、前のめりになってやるのと後ろ向きで臨むのとでは効果も違えば、周りの印象も全然違うのだ。

だから僕は、「笑える男」のメンタリティがあったことも、南アフリカワールドカップを乗り切れた要因のひとつだと思っている。一歩間違えば、悪い方へ転がっていきそうな状況も、心の持ちようでまったく違う方向へと流れていくのだ。

つらい時こそ、笑え。

偽物の笑顔でもいい。やってみる価値はあるはずだ。

◆前向きは難しくても、そのスイッチを探す

キャプテン交代の時がそうだったように、心が折れそうになった時に、どうやってそのヤマ場を乗り切ればいいのか、ということは多くの人にとっての一大関心事だと思う。

苦しい時、ポーカーフェイスで平然とこなしていく人もいれば、鬼のような形相を浮かべながら、がむしゃらに物事に向かっていくタイプの人もいるだろう。先ほど、笑える人間になれ、と書いたけど、楽しそうにやることもひとつの方法だ。

僕は楽しそうなフリをしながら、心の中で色々なことを思い浮かべて耐えるタイプだ。例えば、きついトレーニングに直面したとする。歯を食いしばって走っている時、

「よし、今日の夜は焼肉に行こう」

「これを走れば試合で足がつらなくなるぞ」

「ここで手を抜いたら、あの選手と同じだ。ああなっちゃダメだ」

など、もう頭の中でぶつぶつ、ぶつぶつ言っている。それで最後まで走り抜くのだ。

そうやっていろいろなことを考えているうちに意外とやり切れてしまう。

そんなふうにやるようになったのは、いつからだろうか。きっと自然発生的にだろう。僕の場合、人一倍練習しなければ、プロになれなかった。万が一、なれたとしてもすぐ脱落してしまうレベルだった。苦しい、やりたくない時もあったけれど、これをしなければ終わってしまうと思ってやり続けているうちに、自然と、将来の楽しいことを考えるようになったのだ。30代も半ばを迎えた最近では、年齢のことを考えながら取り組むことも多い。

例えば、

「40歳までプロとして稼ぐためには、ここで頑張らなきゃダメだ。
40歳まで稼いで、そこからは自由だ！
今日はそのための1日だ」

この1日が将来の楽しい何かにつながるんだ、というような意識の刷り込みをするのだ。

これは僕にとってかなり効果的だ。年齢を重ねていくと確実に体力や筋力などフィジカル面が衰えていくもので、今はその速度をいかに落とすかがテーマとなっている。練習を少しでも手を抜くことは選手寿命を縮めてしまう危険性もあるから、それを防ぐ意味で役立っているのだ。

僕が想像していたよりも長くプレーできているのも、これまでの積み重ねが大きかったのだと思う。日々の練習や生活スタイル、食事、睡眠。すべてをサッカーに注ぐ意識であればあるほど、競技にも跳ね返ってくる。

振り返れば、30歳を迎える頃までは、本当にストイックにやっていた。

Jリーグのクラブは大抵、1週間に1日のオフがあるけれど、僕はその日もどこかの公園で走ることを継続していた。食事も油物は控えて、魚や野菜を中心に摂り、アルコールは一切飲まない。昔、毎日2リットルくらい飲んでいた牛乳も、乳製品が日本人の腸に合わないと聞いて、一時期は控えるようにしていた。いつも夜10時には布団に入っているし、日々の生活が一定のリズムを刻んでいくようにも心がけている。

ただ、詳しくは後で書くけれど、南アフリカワールドカップが終わった2010年の終盤以降は、その節制も少しゆるめるようになった。毎日のトレーニングはとにかく100%の力を出し切るようにはしているけど、今はオフの日にしっかり休むようにしている。

普段の食事でも、肉も食べるし、牛乳も飲む。昔は、消化に悪く、内臓に負担がかかるものをなるべく控えていて、断食のような感覚でいたけど、それに比べれば、かなり食生活は変化したと思う。

きっかけは2010年の終盤に大きなケガをしたこと。そのため、なるべく安定して試合に出続けられるような肉体改造や体のメンテナンス法を取り入れたのだ。

不思議なもので、ストイックな食生活だとすごく体が軽く感じられ、動きにもキレが出るのだけど、小さい故障が多かった。一方で、欧米のような肉中心の食事にすると、そこまで体は軽くないけど、体力がつくし、試合に影響するようなケガがほとんど出てこない。僕の場合は、こんなふうにして体に良いということを聞いては試して、自分に合ったものだけを続けていくという感じなのだ。


昔からそんな生活を続けてきたから、もう慣れっこになっている部分もあるけど、やっぱり練習や試合で全力を出し切っていく瞬間というのはきつい。だけど、「きつい」とか「苦しい」という思いを抱えて取り組んでも、決していい効果は得られないと思うのだ。

重要なことは、**自分自身の「前向きになれるスイッチ」を日ごろから探しておく**ことだ。

僕にとっては、楽しそうにやることも、将来の楽しみのため1日だと思うことも、練習後に大好きな安室奈美恵さんのCDを聞いて帰るぞ、と思うことも（笑）、前向きな気持ちになれるようなスイッチになっている。そして、苦しい時は、そのスイッチを押し続けながら、物事に取り組むようにしている。

◆未来、過去ではない。今なすべきことをなす

「過去を追うな。
未来を願うな。
ただ今日なすべきことをなせ」

仏教の開祖、釈迦の言葉である。ディフェンダーという仕事は、失点に関わることが多く、その分、直接的な敗因となってしまうことが多い。だから大事な場面でのパスミスや、失点に絡むプレーをすると、どうしてもむしゃくしゃとし、気持ちが晴れない。とある本で出会ったこの釈迦の言葉は、僕にとって、そんな気持ちに踏ん切りがつかないときに思い出す言葉だ。この言葉、正式には、

過去を追うな。
未来を願うな。
過去はすでに捨てられた。

未来はまだやって来ない。
だから現在のことがらを、
現在においてよく観察し、
揺らぐことなくどうずることなく、
よく見きわめて実践すべし。
ただ今日なすべきことを熱心になせ。
誰か明日の死のあることを知らん。

である。パッと聞いただけでも、何か底知れぬ迫力を感じないだろうか。僕はその言わんとしていることを考えてみて、この言葉の意味が心の中にすとんと落ちていくような説得力を感じた。

「失点してしまった過去、負けてしまった過去を思い出しても仕方がないんだ。過去は過去だ。今しなければいけないことは、とにかく忘れて、早く寝て、切り替えて明日どんなトレーニングをするか考えることだ」

僕なりの解釈で言えば「過去を追うな」とは、後悔するな、という意味にも取れる。実際、僕は後悔が嫌いなたちだ。昔を振り返っても何も変わらないし、ここ何年かは何かを悔いたという記憶がほとんどない。

そんなふうに考えるようになったのは、プロ入りしたくらいからだったと思う。逆に、子どもの頃は考えても意味がないことばかりに目がいってしまって、「なんで？」という思いが常にあった。サッカーが下手くそな自分を嘆き、

「なんで、小学校6年生からしかサッカーを始めなかったんだろう」

「なんで、もっとサッカーの盛んなところに生まれなかったんだろう」

なんで？　なんで？　なんで？　と。

だけど、そう考えていても、結局は何の解決にもならない。人生をやり直せるわけでもないし、生まれる場所を選べるわけでもない。確かに、サッカー熱が高い地域に生まれていれば、幼少期からボールを蹴り始めていたかもしれない。だけど、だったらどうだというのだろう。僕がもっとうまくなっていたのだろうか。そんなことはだれにも分からない。

そして、僕はいつしか思うようになった。

そもそも、あの埼玉県の吉川という田舎町で育ったことに何かしらの意味があったのだろう、と。

振り返れば、僕の実家は学校まで遠く、毎日気の遠くなるような距離を往復してい

た。中学校の時は自転車で往復40分の道程を、灼熱の日も、台風の日も、多少、具合が悪くたって、通い続けていた。だから人一倍、体が鍛えられたのだろうし、プロに入ってからも、体力だけは自信を持ってプレーできたのだと思う。

自分の**不遇だったかもしれない過去であっても、その中にポジティブな要素を見出すことで、人は今に集中できる**のではないだろうか。自分の不遇を悔いるのではなく、何かの失敗を悔やむでもなく、何事も前向きに捉えることができれば、見えてくる景色もまったく違うはずだ。

「未来を願うな」というフレーズも同じだ。

僕の経験上、何かを祈って効果があったためしがない。なぜなら、**願うだけでは、自分自身に何も変化が訪れない**からだ。

例えば、僕は今この瞬間も、２０１４年のブラジルワールドカップに出場したいと思っているけれど、ただ「行きたい」だけでは、何も起こらないはずだ。

行きたいなら、どうしなければいけないのか。30代も半ばに突入している今、体力を衰えさせないために、もっと走らなければいけないし、もっと筋力トレーニングもやらなければいけないし、ロングパスの精度もまだまだ上げていかないといけない。

何か将来に夢があるなら、その実現を願うより先に、今やるべきことが、山ほどあるのである。だから、お釈迦様の「今日なすべきことをなせ」につながるのだと思う。

そもそも、今やれる最大限のことをやっていれば、後悔する必要もないはずだ。

きっとこれはビジネスの世界などでも同じではないだろうか。ここ一番のプレゼンなどに向けて、それまでの1週間、ほぼ毎晩飲み歩き、仕事の準備にあまり集中できなかったとする。それでプレゼンで失敗した時に「まあ、いっか。次がんばろうぜ！」なんて言うのは、論外だ。

逆に、その1週間、精いっぱい努力してきたと自負するのであれば、その人は何度、過去に立ち帰っても、同じ選択、同じ行動をするだろうし、たとえ満点の出来ではなかったとしても、なんら悔いることはない。それは今ある力をすべて出し尽くした結果だからだ。

もちろん、僕自身、悩むことがないわけではない。だけど、その時々で必死に考え、努力していれば、迷いも打ち消していける。結局、自分の信念がぶれなければ、失敗と思わないし、後悔もしないのだと思う。

◇ファイティングポーズを取ろう

今は閉塞感のある時代だ、とよく言われる。経済的にも、政治的にも混迷している中で、どのように生きがい、働きがいを見つければいいのか分からなくなることもあるだろう。

僕自身、サッカー選手は1年1年が勝負で、来年があるか分からない身だから少しは気持ちが分かるつもりでいる。

ただそれでも、日本人はまだまだ恵まれているのだと痛感し、もしかすると一人ひとりが本気でファイティングポーズを取っていないだけなんじゃないかと考えさせられた言葉がある。

僕が高校を卒業してすぐにブラジルに1年間、留学した時のことだ。

当時、ブラジル2部リーグに属していたアメリカ・ミネイロというチームのユースチームと契約し、ブラジル人に交じって練習をしていると、周囲から冷たい視線を浴びていることに気が付いた。こちらは（ブラジルの公用語である）ポルトガル語を話せたわけではなく、辞書1冊だけを持って現地に乗り込んでいたから、相手が何を考えているかなんて分からない。最初は、外国人選手だから冷たいのだろう、という程度にしか思っていなかった。

だけど、少しずつ言葉が分かるようになり、チームメートとも話せるようになると、ある選手が僕の胸をえぐるようなことを言った。

「どうして日本人は金を払ってサッカーをやりに来るんだ？　サッカーは金を稼ぐためにやるもんだろ。金を払ってやるもんじゃないぞ。お前らはバカだな」

僕はカチンときた。

こっちはそれなりの覚悟で異国の地に乗り込んできたつもりだし、どうにかしてプロへの足掛かりをつかみたい一心だった。

だけど、僕は言い返そうとしても、どう説明していいか分からなかった。なぜなら、向こうの言い分もある意味で、的を射ていたからだ。

確かにサッカーを遊びではなく職業として選んでいる以上、お金を払ってプレーすることはおかしいと言われても仕方がない。彼らにしてみれば、そのお金を稼ぐために、必死になってトッププロを目指しているのだ。

ブラジル人に異常なまでのハングリー精神が宿っているのは、日々の練習を見ていれば明らかだった。チームメート同士でも手加減することなく削り合って、結果的に相手にケガをさせてもなんの負い目も感じていない様子だった。むしろ、「生き残るには当たり前のことだ、俺は悪くない」と言わんばかり。稼ぐためにはなんでもやってやる、というような闘争心が、ヒシヒシと伝わってきた。

ブラジルに渡ったばかりの頃に、そのような光景に衝撃を受けたものだ。練習中にケガをさせるくらい激しくやり合うことは、日本ではありえない。

彼らは、なけなしのお金を持ってきてプロクラブの入団テストを受けて、トップへと這い上がっていく。その先には、お金持ちになって両親や兄弟を食わせてやるんだという野望も持っている。

翻って、僕らはどうか。

その頃、チームの中に日本人選手は4人いた。でも、その中で寮費や食費を免除され、なおかつ試合に出場できる契約となっていたのは僕だけで、ほかの3人はお金を払って練習だけをしている状況だった。僕を含め、別にここでプロになれなくてものたれ死ぬわけでなく、日本に帰れば、食べていく道が残されている。

つまり、ブラジル人から見れば、圧倒的に生ぬるい環境なのだ。生活していくだけでも必死な彼らからすれば、お金を払って地球の裏側まで来てボールを蹴るなんて、金持ちの道楽くらいにしか見えなかったに違いない。

「お前らはバカだな」というブラジル人チームメイトの容赦のない言葉に、僕はショックを受けたが、同時に、目が覚めるような思いがした。

僕はブラジルに到着した直後から激しいホームシックに襲われ、精神的にも肉体的にも追い込まれた時期があった。「プロになるまで帰らない」と豪語して飛び出してきたのだから、日本にはそう簡単に帰れない。だけど、いざ現地で生活をしてみると不便なことだらけで、サッカーのレベルの差も思い知らされた。なかなか出口が見えてこない日々に、日本の友人や知人に手紙を書きまくって気持ちを紛らわせたこともあった。

だけど、ブラジル人に痛烈にけなされて、そんなことをしている場合ではないと気付かされたのだ。そのまま心が落ちていってしまえば、彼らの言う通り、その留学は日本人の道楽で終わってしまう。当然、僕からすれば、彼らが思っているような甘い考えでブラジルのサッカーに挑んでいるわけではない、という思いもあった。

見返したい。

そして、彼らに認められたい。

僕はその瞬間から、そう強く思うようになった。

その後も、事あるごとに差別的な扱いを受けた。

例えば、練習用具を管理しているホペイロに「お前は裸でやれ！」と言われて、練習着を貸してもらえないことがあった。

ある時はグラウンドに着くと、自分のスパイクがなかった。聞けば、ホペイロが勝手にほかの選手に貸していた。その選手に返してくれるように頼みに行くと、「貸してもくれないのかよ！」と言って、逆に怒鳴られた。

でも、僕は絶対に下を向かなかった。

「ひ弱な金持ちの日本人」で終わりたくはなかったからだ。

半年ほど過ぎると、日本人は僕ひとりだけになっていた。その頃から、ようやく言葉にも不自由しなくなり、徐々に周りにも受け入れられるようになった。彼らのコミュニティに積極的に入っていき、練習にひたむきに取り組んでいた姿勢が少しずつ認められたのだと思う。

そのように、日本にいると感じられない厳しさが、世界にはたくさんある。それだけ日本がなにひとつ不自由のない、恵まれた環境にあるということだ。それ自体はいいことだし、これだけの環境を作り上げた国の一員であることは誇れることだと思う。

だけど一方で、一歩世界に飛び出した時に、日本人の感覚のままで生き残れるかといえば、決してそうではない。異国では自分たちが少数派であることを思い知らされる場面が多々あるし、孤独にも打ち克たなくてはいけない。成功をつかむには生半可な気持ちでは絶対に無理なのだ。

「お前たちはバカだ」と言われた時にどうするか。

僕はそこでしっかりと**ファイティングポーズを取れる人間、自分だって本気でこの仕事をしているんだ、と誇れる人間でありたい**と強く思う。

◆厳しい言葉に隠された意味を知る

偉人しかり、ブラジル人しかり、こうやって振り返ってみると、やっぱり自分に響いた言葉というものが、中澤佑二というサッカー選手の行動指針になっていることをつくづく感じさせられる。

その中でも、大事な記憶となっているのがヴェルディ時代、偉大なスター選手たちと一緒に過ごした時間にもらった言葉の数々だ。どこにでもある、若手への何気ない言葉だったかもしれないが、それらが、僕の今の礎を作っていったに違いないからだ。

僕がヴェルディ川崎の練習生だった1998年シーズンはスター選手ぞろいだった。三浦知良さん、ラモス瑠偉さん、柱谷哲二さん、北澤豪さん、高木琢也さん、前園真聖さん、本並健治さん、菊池新吉さん、石塚啓次さん……。もう挙げていければきりがない。

毎日、サテライトの選手と3、4人で練習していた僕はトップチームと接することはほとんどなかったけれど、たまにそんなスター選手と会うと、そのオーラに気圧されて、萎縮してしまったことをよく覚えている。

ヴェルディの全盛期だけに、先輩方はいずれも厳しかった。

なんと言っても断トツで怖かったのはラモスさんだ。若手には本当に厳しく、優しい声なんかほとんどかけない。ある時、足を痛めた僕がトレーナーの人に促されて、椅子に座ってテーピングを巻いてもらっていると、たまたま通りかかったラモスさんが烈火のごとく怒り出した。

「ジョーダンじゃないよ！　練習生がテーピング？　ふざけるんじゃないよ！　10年早いよ！」

僕は一瞬にして青ざめて、何も言えなかった。めちゃくちゃ怖かった。

他にも先輩に叱責された。ある時、午前中にトップチームのフィジカル練習に参加させてもらい、午後のサテライトの練習に備えようとしていると、クラブハウスの食堂で昼食を取っていいという許可が出た。喜んで食堂でランチを食べていると、

「ジャージーで飯を食べるな」

そう怒られた。

僕は尊敬する先輩に怒鳴りつけられ、意識が遠のきそうになった。その頃はお金がなくて私服が買えず、だから、小汚いジャージーのまま食事をしていたのだけれど、僕はそんな言い訳もできず、「すいません」とひたすら謝るしかなかった。

でも、僕はそんなふうに先輩やラモスさんに怒られた時、不思議と、嫌な気持ちにはならなかった。むしろ、これがプロなんだと教えられた気がした。

よくよく考えても、プロとして活躍している選手の立場に立ってみれば、若手がトレーナーを専属で使うのをおかしいと思うのは当然のことだ。特に当時、スター軍団だったヴェルディではサバイバル競争が激しく、「試合に出ている選手が一番偉い」という雰囲気があった。その論理からすれば、「試合に出ていないのにテーピングを巻いてもらってるなんて、甘い！」となるのも自然なこと。

悔しかったら、テーピングしてもらっても怒られない立場になれ。

プロは人に見られる商売、ジャージーでご飯を食べるなんてもってのほかだ。

そんなメッセージが込められているのではないか、と勝手に解釈してありがたく心の中にとどめている。

一方で、そのように厳しいプロの世界の中で、優しい言葉を投げかけてくれた先輩もいた。例えば、北澤さんだ。北澤さんは僕が練習生の頃からよく話しかけてくれた。

「頑張れよ」

「お前、駅まで歩くんだろ？　車で送ってやるから乗ってけよ」

そんな声をかけてもらうたびに、僕の心は癒されていく気がしたし、**自分のような下手くそな選手にも話しかけてやれる先輩になろう**、と思った。

僕は練習生として過ごした1年間で、さまざまな先輩からそうやってプロ選手としての心構えを学んでいったのだ。多くの先輩やラモスさんのプロ意識、北澤さんの優しさは、今でも僕にとっては非常に貴重な財産であり、プロとしての哲学となっている。

それにしても、あの頃の上下関係は想像を絶する厳しさだったと思う。

あれほど厳しい関係性は、今の若い選手たちにはきっと耐えられないだろう。だけど、そうやってシビアな世界で教育されることで身についていくことも必ずある。だから、どんなに上と下のつながりが希薄になったとしても、目上の人に学ぶ意識だけは持ち続けておくべきだと感じている。

◆本番直前こそ自信を持ってネガティブでいる

「不安」という言葉は敬遠されがちだ。特にスポーツ界においては。

僕自身、今でこそ前向きに物事を考えられるようになったが、若い頃はよく落ち込んだりもした。どうやって不安を取り除き、前向きになるか、ということはスポーツ選手のみならず万人の悩みではないだろうか。

２０１２年の夏に体操のアテネオリンピック金メダリストの米田功選手と対談する機会があった。サッカーは団体で行うスポーツであり、対人競技でもある。逆に体操は個人で行うもので、直接、人と対戦するわけではない。同じスポーツといっても対照的な性格を持つだけに、話す前からすごく興味があったのだが、案の定、米田選手の考え方はすごく新鮮で、新たな思考を授けてもらう大きなきっかけとなった。

中でも一番驚いたのは、米田選手が不安をネガティブなものとして捉えていないことだった。

米田選手の言葉はこうだ。

「不安な自分をネガティブなものとして切り捨てようとしがちだけど、そうじゃない。メンタルが弱いって悪いことじゃないし、むしろ、びびっているくらいのほうが結果を出せるんですよ」

それを聞いて、体操に対するイメージが一変した。

それまで、オリンピックで金メダルを取るような選手はもっと強心臓で、自信満々にすごい技をバンバン決めてしまうのだろうと思っていた。けれど、実際はまったくの逆。米田選手いわく、大会本番に向かう前に、まず何が不安なのかをすべて洗い出すのだそうだ。そしてその不安に対応できるように、あらゆるシミュレーションを想定しながら練習していく。つまり、不安をすべて消し去ってしまうというよりも、不安を抱えている自分をすべて受け入れたうえで、どう演技していくかを考えていくのだ。

話を聞いていて、そうやって不安と冷静に向き合える姿勢に感心した。サッカーはどちらかといえば、ビッグマウスのような強気なスタイルの方が評価されるし、自分から弱気な面を出すことはまずない。そうやって弱音を吐いてしまうと、周りから、

「お前、何びびってるんだよ」と突っ込まれる羽目にもなる。「弱さは恥」のような感覚があるのだ。

米田選手とは失敗に対する見方も正反対だった。

僕はディフェンスの選手であり、試合中のひとつのミスが命取りになる。だから、少しでもリスクを減らすようにプレーするし、毎試合、100%を目指してやっている。だけど、米田選手は違った。

「体操界では、完璧はあり得ないというのが基本的な考え。普段の練習の7割くらいで臨んで、出来も7割くらいであればOK」

それを聞いて、僕はまた、目から鱗《うろこ》が落ちるような気持ちになった。

僕も米田選手も理想は「ノーミス」。だけれど、一方は完璧を目指し、一方は7割でいいと言う。そこで何が違ってくるのか。

心の余裕だ。

そしてそこから生まれてくるパフォーマンスには圧倒的な差がある。完璧を目指し続ければ、それなりにプレッシャーもかかるし、精神的な疲労度も大きい。動きが硬くなって、どこかでミスが出てしまうこともあるだろう。でも、初めからミスを念頭に置いて、7割くらいの心持ちで臨めば、伸び伸びと動けるし、ひとつミスが出ても、硬くなってしまうことはない。

米田選手も、常にそのような精神状態を保つのは難しいと話していた。実際の試合では、勝ちたいという欲求がノーミスへのこだわりを生んでしまうこともあるのだろう。でも、どんな時でも基本的に「7割」で臨もうという意識であることに変わりはないと言っていた。

そして、

「**勝つためにはミスへの寛容さと平常心が近道**」

という言葉にも、なんとも言えない重みを感じた。

僕自身のことでいえば、多くの試合を経験してきたことで、Jリーグの試合では不安を感じなくなった。だから、米田選手の言葉が生きるのは、もう一度、日本代表に招集されて、ワールドカップのような大一番に挑む時だろう。

もしそのようなシチュエーションで不安を感じていたら、米田選手の言葉を思い出して、自分に言い聞かせたいと思う。僕が米田さんから学んだことで、自分のものとしたい哲学はこうだ。

金メダルを取るような、世界一の人でも不安なんだから、みんな不安なのは当たり前なんだ。

そう思えれば、見える景色もまったく別のものになるかもしれない。

不安をどうにかする、という発想ではなく、不安を持ったうえで、毎日をどう乗り切るか。

このことを肝に銘じて、大一番に臨んでいきたいと思っている。

◆「はい、分かりました」と言える人間に

自分がベテランと言われる立場になったからなのか、今の若い選手たちに対していろいろと思うことが出てきた。ビジネスマンの知り合いの方たちと話していても、若い部下との付き合い方には苦労している、と聞く。ここで少しその点についても書いてみたい。

昔、実家の押し入れの中に横山光輝さんの漫画『三国志』全60巻を見つけて、何げなく手に取った。まだ小学生の頃だった。父親が好きでそろえていたものらしかったけれど、読み始めると登場人物が魅力的で、ストーリーも面白く、僕は一心不乱に読み漁ることになった。

好きなキャラクターは、人それぞれ分かれるだろう。カリスマ性があって、主人公として活躍する劉備《りゅうび》。知性があり、抜群に腕も立つ関羽《かんう》。ちょっと単純だけれど、圧倒的な強さを誇る張飛《ちょうひ》……。どれも甲乙付けがたいほど魅力ある人物だけど、中でも僕が一番、引き込まれたのは、趙雲《ちょううん》という武将だった。

惹かれた理由は、その忠誠心にある。

ストーリーの途中で劉備の配下として加わった趙雲は、関羽や張飛にも引けをとらない武力を持っているにもかかわらず、少しもおごったところがなく、思慮深い。その姿がすごくクールでかっこいいのだ。

ある時、敵の大軍が攻めてきて、趙雲は劉備の家族を守る役目を命じられた。すると、趙雲は勇猛果敢に敵軍に立ち向かい、子どもと劉備夫人を見事、守りきったのだ。自分の危険を顧みず、人の役に立とうとする姿勢に、僕は胸を打たれた。あの頃は、自分も将来、趙雲のような男になりたいと思ったものだ。

その影響というわけではないけれども、僕は上に立つ人間に対して、あからさまに反抗することを好まない。組織というのは、一定のルールがあるからまとまるものだと思うし、目指す方向を無視してしまっては、混乱してしまうだけだ。上司、サッカーでいえば監督に対して、反抗した先に何があるのだろう、と思ってしまうのだ。

では、どうしてもチームとして言いたい場合があるときはどうするのか。僕の場合、監督にまず一回はその思いをぶつける。もちろん監督の意向などをしっかりと理解したうえで、個人の意見として伺いを立てるのだ。でも自分の意見を必要以上に主張したりはしない。もし、それが聞き入れられなくても、「はい、分かりました」と言って、すぐに引き下がるようにしている。

もしかすると若い人には僕のような考えは受け入れがたいのかもしれない。けれど、僕の経験から言えることは、組織にいる一個人が考えを押し通すのは、決していいことではないということだ。

いくら、自分が正しく周りや組織の方が間違っていると思っても、組織の目指す目標を考えたうえで必要かどうかを判断しなければならない。どうも、最近は往々にして、自分の努力不足を棚に上げ、安易に上司に意見してしまう風潮がある気がするのだ。

確かに最近はカリスマ的な存在が注目を集めがちである。暗い世の中を、勢いのある言動で突き破ってしまいそうな一見常識に捉われない人たちだ。書店に行っても、そんな本が溢れているし、テレビでもたくさん特集されている。けれど、きっと**彼らだって常識を知っているからこそ、非常識に見える行動でも評価をされているのではないだろうか**。

自分の組織にスティーブ・ジョブズがいたらそれは結果が出るはずだ。でも、残念ながらスティーブ・ジョブズはひとりしかいなかった。自分の今いる組織の中で、掲げた目標を達成する時に重要なことは、まずは組織の一員として機能すること。小学校で習ったように、協調性を身につけることではないだろうか。

組織では、すべては上司に最終決定権があるわけで、それが嫌だったら、組織を抜けるか、もしくは自分が実績を作って上司より上のポジションに行くしかないのだと思う。

結局、組織に属する人間にとって大事なことは、自分に与えられた役割をしっかりと果たすことなのだ。

サッカー、特に代表チームの場合は分かりやすい。

代表に選ばれるのは、決して日本選手のトップ11人ではない。チームが目指す目標を踏まえたうえで、監督が11人を選びピッチに送り出す。リーダーが勝つためのプランを立てている中で、戦術が間違っているとか、やり方を変えた方がいいということは言うべきではないと思う。

南アフリカワールドカップの時も、大会直前の戦術変更や、キャプテン交代に戸惑ったけど、そこで自分が不満を見せれば、組織は成り立っていなかったはずだ。

自分の好き嫌いは関係ない。

やり方が気に食わなくてふんぞり返っても、何も変わらないし、結果だってついてこないだろう。

だから僕は、趙雲のように死ぬかもしれない極限状態であっても、自己犠牲の精神で戦い抜ける人に憧れる。

文句を言う前に、やりきること。

それが、僕にとって、最高にかっこいい男なのだ。

偉そうなことを言ってしまったけれど、若い人たちにこれだけは言いたい。

まずは「はい、分かりました」と言える人間になってみよう。

それは決して盲目的に従うことではない。

意識してやっていけば、絶対に将来大きな夢を実現するための礎となるはずだ。

◇話し手の知識が言葉の力を生む

繰り返しになるが、どうすれば言葉を相手に響かせることができるのか、というのは今でも僕の課題だ。その中で、ひとつの指針を与えてくれた言葉がある。イビチャ・オシムさんの言葉だ。

僕がこれまでサッカーをやっていて純粋に楽しかったのはいつか、と聞かれたら、やっぱりオシムさんが率いた日本代表の時だと答える。もちろん、それぞれの時期で達成感や成長を感じられたけれど、オシムさんのサッカーは目から鱗が落ちるような思いの連続だった。

オシムさんは任期の途中で病に倒れてしまったから、僕が指導を受けたのは1年にも満たない。でも、そのサッカー観はこれまでに接したことがないようなものだったし、すごく濃密な時間を過ごした気がする。

びっくりした言葉がある。それはディフェンスラインの僕が攻め上がっていった時だ。オシムさんは、積極的にプレーした結果であれば、まったく文句を言わなかった。むしろ、

「ブラボー、ブラボー」

と褒めてくれるのだ。

僕はそれまで攻撃をしていて「戻れー！」と怒鳴られたことはあっても、「ブラボー、ブラボー」なんて言われたことはなかった。

オシムさんのサッカーは攻撃の選手でも守備の意識を植えつけられたし、逆に守備の選手も攻めの姿勢を求められる。しかも、だれかが上がったら、だれかがカバーするという連係が徹底されていたから、試合の流れの中で自分のポジションを空けたとしてもチームのバランスが崩れることがない。その頃は、思い切った攻撃参加が許される状況がすごく新鮮で、サッカーの新たな面白さに出会ったような感覚だった。

反面で、オシムさんは要求も厳しかった。

場面、場面でしっかりと判断をしてプレーを選択しないと烈火のごとく怒り出す。ベテランの域に達しつつあった僕も、ミーティングでボロクソに言われたことがあった。オシムさんはどんな選手であろうと絶対に特別扱いしないしなかったし、上の選手だろうが若手であろうが関係なかった。そうやって思い切り怒鳴られるのは決して気持ちのいいことではないけど、真摯に指導する姿勢は伝わってきたし、とにかく、新しいサッカーを学んでいることが実感できて、すごくやり甲斐があった。

オシムさんの指導で最も印象に残っているのは、世界で勝つためのサッカーをとことん追求していた点だ。


「Jリーグのレベルではなくて世界を見ろ。そのプレーはJリーグでは通用するかもしれないが、世界では通用しないぞ。世界を見ろ。視野を広げろ」


そう口酸っぱく言い続けて、選手の視線を世界に向けさせていた。

例えば、試合で失点をゼロで抑えたとする。でも、それだけでオシムさんは納得しなかった。今回は無失点で抑えられたかもしれないが、もし世界の強豪が相手ならこの場面で得点されていたぞ、というふうに常に厳しく指摘し、いかなる場合も世界基準で物事を考えさせていた。

だから僕も自然とJリーグの中で世界を意識するようになった。

日本人選手ではシュートを打ってこないような距離でも、海外の選手を想定してしっかりと相手との間合いを詰めて、ミドルシュートに備えた。世界では少しでも間合いを空けると信じられないようなシュートを打ってくることがあるし、たった半歩の距離の違いで、失点が防げたり、あるいは防げなかったりということがありえるのだ。

また、小柄な日本人が世界で勝つためにはどうしたらいいのか。オシムさんは、

「ブラジルにはブラジルのサッカーがあるんだ。それを真似しちゃいけない」

というような言い回しで、僕ら日本人に合ったサッカーを植えつけようとしていた。あの時はボールを支配するだけのサッカーから、そこに人の動きが加わって、ワンプレーごとの選択肢も増えていった。

オシムさんは、知的でユーモアのあるオシム語録が有名だから、ここに挙げた言葉は、ちょっと物足りないものかもしれない。

けれど僕にとっては、それぞれの言葉が忘れられないものになっている。

「ブラボー、ブラボー」は、ディフェンダーの役割に新たな活路を見出す、視野を広げてくれる言葉だ。ディフェンダーは、攻撃の一ピースでもあるのだ。

「世界を見ろ」は当たり前のようだけど、オシムさんが言うと重みが違った。オシム

さんが持つ豊富な実績と知識が、その言葉の力を高めているのだと感じた。

簡単な言葉でも、話す人の知識によって圧倒的な魂が宿るのだ。

だからこそ、僕も若い人たちに言葉を伝えたいと思い、活字に目を向けるようになった。いつでも、新しい発見を言葉によって表現してくれたオシム監督。僕も、自分の言葉が、たとえ簡単なものであっても、若い人たちの中で実感のこもったものとしてしっかりと響くように勉強していきたいと改めて思った。

それにしてもオシムさんが思い描くサッカーが実現していたら、日本はどんなチームになっていただろう。

メンバーが入れ替わっても大崩れしないようなサッカーを確立することができたかもしれないし、何十年も先の日本のサッカーを支えていくような土台ができていた可能性もあった。オシムさん自身、日本人らしいサッカーを形作っていく途中で現場を離れざるを得なかったことを最後まで悔やんだに違いない。

僕自身、オシムさんの指導が道半ばで終わってしまったことは残念でならない。あのサッカーがどれだけ世界に通じるのか、見てみたかった。

だけど、その指導自体は決して無駄にはならないと思う。その証拠に、僕の心の中で教えはずっと生き続けている。

しっかりと判断してプレーすること。

状況によっては思い切って長い距離を走ってもいいこと。

ポジショニングに気をつけること。

それらは南アフリカワールドカップに向かううえでもすごく役に立ったし、僕が30歳を過ぎてからも成長を実感できていることは、オシム監督の指導に拠る部分が大きいと感じている。

◆飲む先に何があるのか考える

心が折れそうになった時、ストレス解消法としてお酒の力を借りる人は少なくないだろう。

お酒を飲まない僕にいろいろな意味で響いた言葉がある。

「お前、付き合い悪いな」

ヴェルディに入団してしばらくして、僕が飲みの席を断るようになった時に言われた言葉だ。お酒を断つことを決めたのは、生活サイクルの大切さに気が付いたからで、プロ1年目の終わりくらいの頃だ。

最初はもちろん、先輩の誘いは断れず、外食にも出掛けたし、夜遅く帰ってしまうこともあった。正直に言えば、みんなでワイワイと騒いでいるのは楽しいし、時間もあっという間に過ぎていってしまう。

だからそういうことが好きな人がたくさんいるのはよく理解できる。

けれど当時は、徐々に生活のリズムが崩れていくのも感じていた。朝は眠気が覚めず、すっきりしない。練習でもどこか調子が悪く、いいプレーができない。でも、それはどこかに文句を言えるような種類のものではなかった。周りに付き合って夜遅くまで出歩いているのは、ほかの誰でもない、自分自身だったからだ。

ある時、ふと「俺は何してるんだろう？」と思った。そうなると、もう止まらない。自問自答の連続だ。

「自分はそんなことができるうまい選手だっけ？」

「これでワールドカップに行けるのか？」

「もう時間はないんだぞ？」

そんな時にアクシデントが起きた。ケガをしたのだ。幸い大きなものではなかったが、自分にとっては大きな転機だった。

「ああ、やっぱり、こういうことってあるんだな。サッカーの神様はそんなに甘くはないよな」

そう思った僕は、先輩にどう思われようが、誘いを断ることにした。

「お前って付き合い悪いよな」

と言われても、

「眠いからダメなんです。すみません」

と頭を下げて自分の意志を貫いた。みんなと一緒に遊ぶことは楽しいけど、サッカーをするうえではまったく関係のない楽しさだということが分かったのだ。

それで自分勝手と思われようが、気にしないようにした。人それぞれ目標があるものだし、そこに悪影響を及ぼすようであれば、自分から避けることも必要だ。時にはそうやって自分の態度を明確にすることも大事なのだと知った。

今でこそ、「付き合いが悪いな」なんていう人はいなくなったけれど、もしかしたら僕にとってこの言葉は褒め言葉なのかもしれないと思う。

僕の場合はあそこで生活を切り替えていなければ、ワールドカップにも出場できなかっただろうし、今ごろＪ１でもプレーできていないはずだ。

「付き合いが悪い」と言われた先にあった思考とは、

「飲む先に何があるのだろう」

ということである。

お酒を口にしないことの理由には、体質的に合わないというのもある。顔が赤くなるわけではないけれど、一気にテンションが下がり、気持ち悪くなってしまうのだ。

しかし何よりプロのアスリートであるということがお酒への抵抗感を生む。お酒を飲み過ぎれば、どうしても体調管理に影響してしまうし、練習や試合に響いてしまうこともあるだろう。そして一度妥協してしまえば、ずるずるとお酒の世界から抜け出せなくなる可能性もあるのだ。

だから僕は健康法の一環でアルコールを試す以外は、お酒を控えてきた。シーズンを締めくくるクラブの納会でも、決まって、隅っこでお茶を飲んでいる。周りからお酒を勧められても、断固として拒否をする。別に盛り上がっている周りの選手を否定するつもりはなくて、ただ、それが僕のスタイルなのだ。そんな僕の周りには、お酒を飲みたくない若手が自然と集まってくる。「佑二さんの周りにいれば飲まされないだろう」と思っているようだ。

ビジネスマンの方だとそうはいかないこともあると思う。仕事の席でどうしてもお酒が入ることだってある。アルコールの力でその場が盛り上がり、例えば商談が成立したり、みんなリフレッシュして、次の日からがんばろう、となるのであれば、それはそれで意味があることだ。

けれど、それがあまりに安易に、ストレス解消の場として定着してしまうことは疑問に思う余地もある。

いくらお酒が強い人であっても、飲み過ぎれば、次の日の仕事に支障が出るだろうし、実際、僕が信頼していた人の中にも、お酒の勢いを借りて深夜に電話して来るような人もいた。普段はとても素晴らしい仕事をするし、骨太な哲学を持っている方だっただけに残念だった記憶がある。だから、もう少し負の面も見なくてはいけないと思うのだ。

ちなみに、僕にはお酒に代わるストレス発散法がある。

部屋の掃除だ。

２００６年のドイツワールドカップの前に、過密日程が続いたり、膝や足首に故障が出たりして、心がどんよりしていた頃は、練習から戻るとひたすら掃除をしていた。部屋を隅々まできれいにしていくと、不思議と、頭のモヤモヤが晴れていく。

世の中にはお酒をやめるとそれが逆にストレスになる人もいるだろう。だから、僕はお酒を飲むことが悪いと言うつもりは毛頭ない。だけど、たまには飲む先に何があるのかをちょっと考えてみるのもいいと思う。別の何か大切なことに気付けるかもしれない。

第3章 自分を動かす言葉

人生の成功の秘訣は、
チャンスがきた時に
それに対する準備が
できていることである

――ベンジャミン・ディズレーリ

P.143

漫才でも相方が緊張しているなと思ったら、
こっちにも伝染するんですよ

――チュートリアル・徳井義実

P.143

佑二、お前は足元の技術とか
何か他のことをするんじゃなくて、
ヘディングが得意なんだから、
まずそれを思い切ってやれ。そうすれば、
他の部分は自然とうまくなるんだ。
だから自分の持ち味を忘れるな

――岡田武史

P.138

俺らは年を取ってるから、
午前中に体を動かしておかないと
ダメなんだ

――中山雅史

P.125

P.160
お前は走りも手を抜かずに
がんばってるよな
——アミウトン

P.157
お前、なんだ、その格好は！
まずその格好を
どうにかしろ！
——横浜F・マリノススタッフ

P.120
バランスの悪いところで走る
——中澤佑二

P.133
適度に食べないと
バチンといっちゃうよ
——先輩選手

P.152
忙しい時だからこそ、何かを
やったほうがいいよ。
忙しくない時にやっても
ほとんど意味がないんだから
——会社役員

P.148
こっちは人に見られることが仕事で
みんなに応援してもらう職業だから、
それに文句を言ってもしょうがないんだよ。
僕が相手の立場だったら一緒に写真を撮って
もらえたらうれしい。
だから、呼ばれた時にはいつも
笑顔でいることを
心掛けておいたほうがいいんだ
——タレント・勝俣州和

◆バランスの悪いところで走る

これまでいろいろな響いた言葉を紹介してきたけれど、最終的に大切なのは行動することだ。

僕は南アフリカワールドカップ前年の２００９年から、新たな試みを行った。トレーナーの人に特別なメニューを組んでもらい、砂場の上でトレーニングを行うことにしたのだ。

南アフリカワールドカップで目標であるベスト４を実現するためにどうすればいいかを考えた時、必要だと思ったからだ。

きっかけは、２００９年の欧州遠征だった。僕はその時、改めて、日本の環境が恵まれすぎていることに気付かされた。

プレーする環境を見れば、Ｊリーグのスタジアムや練習場はすごく整っている。芝生はいつも丁寧に養生され、きれいに刈り込まれている。芝の下にある地面も安定していて崩れにくく、思い切りダッシュや切り返しをしても、そう簡単には足を取られることはない。

一方で、いざ世界に飛び出すと、プレーしやすい環境ばかりではない。特にヨーロッパのグラウンドは芝の下が粘土質で、雨でも降れば、すぐにぬかるんでしまう。そこで思い切り踏ん張ろうとすると、芝生ごと剥がれてしまい、思い切り転んでしまうケースを何度も経験した。

日本人選手が簡単に滑ってしまうピッチ状況でも、海外の選手は機敏に走り回り、チャンスを演出してしまう。ただでさえ技術やフィジカル能力で劣っているのに、こちらの動きが制約されてしまえば、世界で勝つことは難しい。そこで思ったことが、「バランスの悪いところで走ったり、ジャンプする方が効果がある」だった。日々の練習の中から不安定な環境に慣れていくために、あえて砂場の上で行うメニューを導入したのだ。

その頃は6年間ずっと換えてこなかったスパイクも交換した。滑りやすいピッチにどうやって対応していくかを考えた末の決断だった。スパイクは選手にとって商売道具であり、僕なりのこだわりもあった。けれども、そこを曲げてでも、世界に食らいついていきたい、そう思ったのだ。

僕は何か新しいことに挑戦したいと思った時に、そうやってまず何か新しいものを取り入れたり、取り巻く環境やシチュエーションを変えていくことが大切だと考えている。

人間は頭で何かをやりたいと考えても、なかなか行動に移せないものだ。だから、**チャレンジを実行し、継続していくためには、なんでもいいから始めたり、環境を変えてしまうこと、つまり行動に移すことが効果的**なのだ。

例えば、僕はシーズンとシーズンの間に自主トレを行う時も、必ずどこか異国の地や遠方に足を運ぶことにしている。軽くボールを蹴ったり、走り込んだり、体を作ったりということは、やり慣れた地元でもできるけれど、いつも同じ景色の中でやっていると、どうしても精神的なフレッシュさに欠ける。逆に、まったく未知の場所でトレーニングをすると心にスイッチが入って、やる気が出てくる。

砂場のトレーニングや新しいスパイクを導入するのも、同じような狙いがあった。新しい試みを行うことで、今までとは違った刺激が生じ、新たな感覚を体が覚えていくのだ。その積み重ねによって、徐々に理想へと近づいていけるのだと僕は考えている。

これは何もサッカーに限ったことではない。やせたいと思った時、あるいは、部屋をきれいにしたいと思った時に、頭であれこれプランを練っているだけでは、何も変わらない。とにかく何かひとつでも習慣を変えること。何かアクションを起こせば、変化は表われてくる。例えば、早起きしてみたり、毎日、短い時間でも運動する時間を作ってみたり、ちょっとしたことから始めれば、それがゆくゆくは大きな効果につながっていくかもしれない。

結局、人は妥協しやすいものだし、僕自身も例外ではない。

高校卒業と同時にブラジルに渡ったのも、僕はある意味で自分の弱さを知っていたからだ。あの時は大学生や社会人としてサッカーを続けながらプロを目指す選択肢もあったが、飲み会だったり、違う遊びだったりと誘惑が出てきて、周りに流されてしまう恐れもあった。だったら、退路を断つ意味でも、ブラジルというサッカー王国でもがき苦しんだ方がプロへの近道になると考えたのだ。

何かを得たいと思ったら、まず実践すること。

そして、変化を厭わないこと。

自分の殻を破ってこそ、目標に近づいていけるのだと思う。

南アフリカワールドカップの前には、実際に欧州遠征を経験したことで、今のままではダメだ、と気付いた。では、その後にどうするのか。僕の場合は、環境を変えるという行動を取った。

そのおかげかどうかは分からないけれど、下馬評が低い中、日本代表は南アフリカ本大会でベスト16に進出することができた。行動することの重要性を改めて感じた瞬間だった。

行動するということは実のところ一番難しいハードルかもしれない。三日坊主なんて言葉もあるように、長続きしないことも多いし、そもそもやろうやろうと思ってもなかなか踏み出すことができない人も多いだろう。

この章では、そんな皆さんの背中を押してくれるであろう、言葉や経験談を書いてみたい。

◇言葉と行動の一体化をする

若い間は、言葉なんて意識しなくても勢いや日々の努力で、いろいろな場面を乗り越えることができた。けれど、年齢を重ねるにつれて、それだけでは自分も成長できないし、人や組織を成長に結びつけることが難しいと悟った。だからこそ教養を身につけようと、言葉に注目したのだけど、今度は言葉を実践し、自分の血肉とし、さらに相手にきちんと伝えていくことの難しさを知った。

言葉を自分の思考に結びつけても、結局それを行動に移さなければ意味がない。そんなことを思っている時に、見本となる先輩方との出会いにヒントがあることに思い至った。

若い頃、僕は幸運なことに、三浦知良さんや中山雅史さんといった、サッカーに対して本当にストイックな姿勢を持った先輩たちと接する機会に恵まれた。

ゴンさんの行動には本当に感心することが多かった。日本代表合宿で一緒になると、

「俺らは年を取っているから、午前中に体を動かしておかないとダメなんだ」

と言いながら、練習がない午前中に必ず走りに行ったり、自主トレを行ったりして、人一倍努力をしていた。30歳を過ぎていたカズさんやゴンさんは、だれよりも意識が高かったし、だから、２人は40歳を超えても現役を続けられたのだと思う。

その２人に負けず劣らず、貪欲な姿勢を見せていたのは川口能活さんだ。

能活さんは自分にも他人にもすごく厳しいプレーヤーで妥協というものを知らない。僕が日本代表のデビュー戦となった１９９９年秋のイラン戦では、試合中に何度も怒鳴られたものだ。あの頃、経験が浅かった僕はまったく自信がなかったし、怒られるたびに萎縮してしまったけど、能活さんの〝熱さ〟に刺激を受けた部分は大きかった。

それ以降、能活さんとは何度も日本代表合宿で顔を合わせているけど、あの時のようなサッカーに対する情熱はまったく色あせる様子がないし、特に、トレーニングの取り組み方は尋常ではない。

僕は代表合宿中でも独自に筋力トレーニングを行っていたのだけど、トレーニングルームに行くと、ガッシャン、ガッシャンと音が聞こえてくる。だれがやっているんだろうと思って見ると、ほとんどの場合、能活さんなのだ。ビックリするくらい激しいスクワットを険しい表情を浮かべながら黙々と続けている。

ホテルの部屋でも、何かドッタンバッタンと音が聞こえてくるなと思って覗いてみると、能活さんがひとりでジャンプのトレーニングをしているのだ。僕はそういう光景を目の当たりにするたびに「自分にはあそこまでできないな」と頭が下がる思いになった。

2010年の南アフリカワールドカップでも、能活さんの闘争心は際立っていた。ケガからギリギリで間に合って、チームキャプテンとして23人のメンバーに選ばれながら、試合への出番は一切なし。主将という立場なのに試合に出られないというのは想像以上にきつかったと思う。でも、一時も気落ちした様子を見せず、大会中はむしろ率先してチームを盛り上げていった。

僕はワールドカップが終わってから、当時の能活さんのコメントを目にして、さすがだと思った。

「正直、つらい思いをしている選手もいると思う。それでも、彼らはそういう態度を見せない。その姿勢が素晴らしい。ピッチで戦っている選手が称賛されるのは、当然だけど、

サブの選手も同じくらい称賛されていい。それくらい頑張っている

能活さんの言う通りだった。

南アフリカワールドカップで日本はアウェー大会史上初のベスト16にたどりつけたけれど、正直、サブの選手たちがそっぽを向いてしまえば、チームは崩壊していたと思う。それくらい世界の勝負は一筋縄ではいかないものだし、チーム一丸とならなければ、勝ち抜いていけない。勝敗はいつも紙一重。そのプレッシャーの中で、本田圭佑や長友佑都ら若い選手たちが思い切りやれたのも、能活さんを始めとする試合に出ていない選手たちが縁の下でチームを支えていたからだった。

２００６年のドイツワールドカップでは、残念ながらチームをそのような雰囲気に持っていくことができなかった。レギュラー組と控え組の間には決定的な溝があって、それを埋めきれなかった結果がグループリーグ敗退だった。その状況を生み出したのはだれか特定の人の責任というわけでなく、全員の自覚が足りなかったからだと感じる。

僕も、もう少しやりようがなかっただろうかと反省したし、だからこそ、２０１０年のチームをそのような状況に陥らせるわけにはいかなかった。南アフリカ大会の直前には、チームが不調となり、一歩間違えれば悪い方向へと転がっていく危険性をは

らんでいた。それでも、ギリギリで踏ん張り続けることができたのは、能活さんのような陰でサポートしてくれていた人の存在があったからだ。

その能活さんは僕よりも二学年上だけれど、まだ現役として頑張り続けている。計り知れない向上心を秘めている人だから、きっと2014年のブラジルワールドカップもあきらめていないだろう。カズさんやゴンさんのように、若い頃から地道な努力を重ねてきた選手だし、まだまだ日本のトップとして活躍できるはず。そんな能活さんとまた日の丸を背負うことを夢見て、僕も必死にがんばりたいと思っている。

ゴンさん、能活さんの魅力は、もちろん今挙げた例だけにとどまらないけれど、その一端を知ってもらえるのではないだろうか。

そんな**尊敬すべき先輩たちから学んだことは、言葉と行動の一体化**である。

偉大といわれている選手たちは、確固たる哲学を持っているのはもちろん、口だけではないのだ。

午前中のランニングしかり、人知れず行うトレーニングしかり、サブとしてのサポートしかり。先輩方は、言葉をそのとおりに行動に移す有言実行の姿勢があるからこそ、彼らの言葉は響くし、多くの人たちに伝わる力があるのだと思う。

35歳になる自身にその姿を重ねながら、僕もそういう人間でありたいと思っている。

◆続けるために目標と危機感を持つ

誰でもそうだと思うけれど、やっていてつらいと感じることはなかなか長続きしない。

それは僕も例外ではなく、きついものはきつい。だけど、何かを成し遂げたいと思うなら、たとえきつくても、やらなきゃいけない時がある。言い換えれば、明確な目標があるからこそ、つらいことも続けられるのだと思う。

僕の場合、私生活で節制を始めたのは、プロのサッカー選手を本格的に目指そうと決意した中学生の頃だった。中学3年生の終わりくらいから、栄養について調べながら、少しずつ食生活に気を付けるようになった。最初は炭酸飲料水が体に良くないという話を聞きつけて控えるようになり、代わりに牛乳を毎日2リットル飲むようにした。カップラーメンや菓子パンを主食にするのではなく、サラダやほかの栄養素も一緒に摂るようにもなった。早寝早起きをより徹底するようになったのもその時期だ。しっかり睡眠を確保するために夜9時に寝て、朝5時に起床して朝練習に出掛けた。頭にあったのは、「プロになりたい」という思いだけだった。

その夢を実現してからは、代表入りやワールドカップ出場という目標が新たな原動力となって、節制の度合いはさらに増していった。特に、栄養管理にはどんどんはまっていったように感じる。例えば、僕は昔から焼き肉が大好きで、「今日はがんばったな」と思う時は自分へのご褒美で食べに行くこともあるけど、脂の摂取を控えるために、脂が少ないロースや赤身の肉を食べるように心掛けた。苦手なアルコール類も、ポリフェノールが豊富に含まれる赤ワインやクエン酸が注目された梅酒を一定期間、飲み続けた時期がある。体にいいと聞きつけては試し、自分の体に合ったものを続けていくといった具合だ。

端から見れば、そんな生活はストイックに見えるかもしれない。前にも書いたように僕は所属クラブの納会でもお酒を口にしないし、羽目を外して生活サイクルを崩すようなこともない。だけど、実は僕自身はそんなに苦だとも思っていないのだ。

それはなぜか。ひとつには、もともとお酒やタバコに興味がないということがある。それらの嗜好品が大好きな人からすれば、スパッとやめることはきついとは思うけど、僕はそれに関してストレスがない。

そしてもうひとつ、自分にとってそのような生活スタイルは「普通」の感覚なのだ。昔から絶対に成し遂げたい目標があって、それに向かって試行錯誤を重ねてきたから、それが僕にとっての当たり前の日常なのだと思う。例えば、南アフリカワールドカップのあった2010年の前はオフの日であってもジョギングを欠かさなかったけど、それも特段、きついとは感じていなかった。

そういう意味では、やっぱり、目標を持つことは大切なのだと思う。カズさんやゴンさんがあれだけ長く現役生活を送れているのも、昔から人一倍練習し、体をケアしてきたからだ。この努力が、このトレーニングが、年を取ってからの一歩につながると思えば、つらいことであっても前向きに取り組めるに違いない。

特に僕は人よりもサッカーが下手で、「このままではプロになれない」「世界に通用しない」というような危機感があった。中途半端にうまければ、どこかで満足して努力をやめていたかもしれないけど、自分にはずっとそんな余裕がなかったのだ。

だから、僕はそんな大それたことをやってきたとは思っていない。夢の実現に必要だと思うことを、ただ、自分なりに続けてきただけ。こんな僕ができたのだから、きっと誰にでもやり切れる可能性があるのだと思う。何かに必死になればなるほど、目標への思いが強ければ強いほど、つらさを感じなくなり、最後までやり抜ける確率が上がっていくのだと思う。

◆続けることに固執しすぎない

前項でも書いたように自分なりに節制を続けてきたけど、実はここ2年で考え方を少し変えている。

きっかけは、２０１０年のケガだった。

南アフリカワールドカップが終わった直後、僕の体にこれまでなかった異変が生じた。長期離脱を伴うケガだ。今までも故障はあったけど、ほとんどが小さいもので、何試合も欠場しなければならないような経験はほとんどなかった。それが２０１０年シーズンの後半に、肉離れのような筋肉を損傷するケガが相次ぎ、10試合以上欠場を余儀なくされたのだ。ワールドカップの後、大して休むこともなくリーグ戦に復帰したことによって疲労がたまっていたのかもしれない。いずれにせよ、そんなに多く試合を離れた経験が少ない僕は、大きなショックを受けることになった。

休んでいる期間はそれまでの生活を見直そうと、いろいろと思いを巡らせた。

まず最初に考えたのは食生活だ。当時は、運動量に合わせて1日単位で食事の摂取量を決めていたけど、筋肉は1日単位で疲労と回復を繰り返すわけではないし、一定期間をトータルに考える必要があると思い立った。オフシーズンの過ごし方についても、それまでは心肺機能を落とさないように無酸素運動で体を追い込んで調整していたけれど、1シーズンを通してプレーする土台を作るために、有酸素運動へと切り替えた。

そうやって迎えた2011シーズン開幕の直前、東日本大震災復興チャリティマッチに出場した僕は、貴重な「言葉」と出会う。

いろいろな先輩選手たちと何気なく話していた時だ。

「ケガしない体を作るにはどうしたらいいですかね？」

僕が自分の食生活などを説明しながらそう聞くと、

「俺も若い時はいろいろと節制をしていたけど、筋肉も老化をしてくるから、適度に食べないとバチンといっちゃうよ。だから俺も今ではいろいろ食べるようにしている」

と言われた。僕よりも年上の大先輩の体験談はすごく説得力があった。

確かに、「脂肪は悪」という考え方はあるし、僕もずっとそう思って揚げ物や脂質の多い食事を避けてきた。だけど、以前同じようなことを栄養士やトレーナーに指摘されたことがあった。その時は「体をスカスカにしないように」という表現で注意されたと思う。つまり、あまり脂肪分を摂らずに体を絞りすぎると逆にエネルギーが枯渇してしまうため、シーズンを通してプレーするためには、ある程度の脂肪も必要になるというのだ。エネルギーとしての脂肪がなく、筋肉と骨だけの状態だと、無理に体を動かそうとした瞬間に突然、筋肉が断裂してしまう恐れもある。

僕は練習法でも、食事でも、最初からすべてを鵜呑みにすることはない。まずはトライし、それが自分に合うかどうかを判断して、継続するか否かを決める。そうして食べたいものをバランスよく食べるようにした。

すると、どうだ。

2011、12シーズンと2年連続で34試合中33試合に出場でき、しかも欠場した2試合はイエローカードの累積による出場停止によるものと、対人プレーでの接触によるもので、ほとんどケガもなくコンディションを維持できたのだ。

自身のパフォーマンスも納得いくものだった。

この方法は自分に合っている——そう確信した。

以前に比べると脂肪がある分、ジャンプをしても体が重いなと感じる時がある。実際、体脂肪も6%から8%まで増えた。だけど一方で、確実にケガをしにくい肉体になっていた。体が軽い時ほど注意するようにもなった。昔から「調子が良かったり、体が軽い時ほど気を付けろ」と言うけれど、今では、こういうことなのかと妙に腑に落ちたりもする。

これらの取り組みは自分にとっても初めての試みだったから、正直、不安もあった。事前に計算できるものでもない。でも、だからこそ、僕は自分の感覚を大事にした。これまでいろいろなトレーニングや調整法を試してきて分かったのは、自分が率先して取り組めるやり方が最良のものなのだということ。他の人が大きな成果を挙げているやり方であっても、人から言われて無理矢理やるようではほとんど意味がない。自分で納得してやらなければ、結局は実を結ばないのだ。

たとえば、筋力トレ。以前は、チーム練習の後にやる筋力トレはどうも気が進まなかった。そこで当時のフィジカルコーチに相談してみたところ、「全体練習の前にやってみてもいいのではないか」とアドバイスをもらい、実際にやってみると、すごくしっくり来た。当然、選手によっては早起きが苦手なタイプもいるだろうし、そのやり方が合わない者もいるだろう。僕の場合はその提案を試してみて自分に合っていると判断したから続けたのであり、だからこそ、一定の成果を得ることができたのだと思う。

僕がもらった今回の言葉も、万人にとって当てはまるというわけではないかもしれない。僕自身、自分に適していなければすぐにやめていたはずだ。だけど、実際にはそれが自分には合っていて、大きな転機となった。

あの時、それまでの自分のやり方に固執し、この言葉に耳を傾けていなければ、僕は今頃、ケガを重ねて、満足のいくプレーができていなかった可能性もある。その意味では、たとえそれまで一定の成功を導いてきたやり方であっても、**時には勇気を持って新しいことに挑戦する姿勢も大切**なのだと思う。継続していくだけでは抜け出せない落とし穴もあるのだ。

今回の教訓で言えば、周りの言葉を素直に受け止め、一度、トライすること。トライしたうえで、自分に合っているかどうかをジャッジすればいい。その意味では、きっかけを与えてくれた言葉との出会いには感謝をしてもしきれない。

◆長所に目を向ければ行動しやすい

人からもらった言葉を実践して大きなパフォーマンス向上につながったことが何度かある。１番記憶にあることは、僕がまったくサッカーに自信が持てなかった、プロに入って４年目の出来事だ。

２００２年にヴェルディから横浜Ｆ・マリノスに移籍し、運命の人ともいえる岡田武史監督と出会い、ある言葉をかけられるのだ。

それまでの僕は、どこか不安を抱えながらプレーしてきた。

プロ入り前の苦労が嘘のように一年目から出場が叶い、果ては新人王を獲得、翌年にはシドニーオリンピックにも全試合出場できたし、日本代表でプレーするという目標も達成。周囲は順風満帆なプロ人生をスタートさせたように思っていただろう。けれど、自分自身ではどうしても、その舞台にふさわしい実力を備えているとは思えなかったのだ。僕の珍しい経歴とも相まって、メディアからの取材が増えると、自分の実力と、周囲の評価とのギャップにかなり困惑した。

僕が不安を感じていたのは特に技術面だった。

小学校6年生からずっとディフェンスの選手として歩んできた僕はボールコントロールやパスの技術を十分に身につけないままプロ入りし、周りの選手のレベルの高さに愕然としてしまっていた。だから、試合中にパスが回ってくればいつもビクビクしていたし、うまくやろうとして逆にミスを重ねてしまうこともあった。

そんな僕の内心を見透かしたのだろう。

岡田さんが横浜F・マリノスに来てから間もなくして、僕に声をかけてきた。

「佑二、お前は足元の技術とか何か他のことをするんじゃなくて、ヘディングが得意なんだから、まずそれを思い切ってやれ。そうすれば、他の部分は自然とうまくなるんだ。だから自分の持ち味を忘れるな」

こうも言われた。

「サッカーはミスするスポーツなんだ。ミスすることでくよくよするな。自分がちゃんと考えて狙ったパスやシュートだったらミスしたっていいんだ。そういう積極的なミスはどんどんやれ」

まったく予期していなかった言葉だった。

プロに入って以降、僕はミスを散々叱られながら育ってきたし、技術的な部分ではいつまで経っても劣等感が消えなかった。

どうやったら自分の短所を補えるんだろう。

どうやったらミスを減らせるのだろう。

ずっとそんなふうに考えてきた。だけど、僕は岡田さんの言葉で、僕は吹っ切れていくような感覚があった。

持ち味を忘れるな。

積極的なミスはどんどんやれ。

岡田さんが言うのだから、僕はその指示に従えばいい。

「自分の長所に自信を持とう」

「試合の間は短所のことは考えないでいこう」

「積極的なプレーをしよう。そのミスは咎められないんだ」

そう心に言い聞かせるとどうだろう。試合では自分の長所を生かすようになり、パスを出すときもミスを恐れなくなった。すると不思議なもので、自分のプレーにどんどん自信が持てるようになっていったのだ。

結局のところ、岡田さんから授けられたものは「勇気」なのだと思う。

ミスを怖がらない勇気。

自分の武器で勝負する勇気。

その勇気を持つことで、自分が思い描くプレーが少しずつできるようになった。そして手応えを感じ始めると、それが自信につながっていった。

これはサッカーの話に限らないのではないだろうか。営業トークが苦手な人でも、資料を作ることが得意であれば、その資料を前面に押し出して説明をすればいいだろうし、機転の利いた企画を出せなくても、プレゼンに自信があれば堂々と話すことで結果がついてくることもあるだろう。

2003年以降、僕は自信のあったヘディングを思い切ってやろうと考えた。つまり長所を常に意識することで、試合の中で、堂々とプレーできるようになっていったのだ。

短所を改善するための努力を放棄したわけではなかったけれど、自分の長所が拠り所となって、プロとして通用する意識が芽生えた。おかげで、2003年にはルーキーイヤー以来のベストイレブンに選出され、翌年にはＪリーグＭＶＰという栄誉ある賞をいただくことができた。

あの時、岡田さんと出会っていなければ、僕はワールドカップに出るようなプレーヤーになっていなかったはずだ。

もらった言葉を自分なりに昇華し、行動に移す。

その行動への原動力となったのは、長所であり、勇気だった。もちろんすぐにできたわけではなかったけれど、おかげでサッカープレイヤーとして大きな飛躍を遂げることができた。

◆準備を全力でやればいい

実はこう見えても僕は、めちゃくちゃ「緊張しい」である。ワールドカップ予選など、大きな試合ではいつも緊張と不安に襲われる。なんとかそれを抑えようと躍起になることも度々だった。

けれど今は、緊張に対して違った見方をするようになっている。最初のきっかけは、2009年の年末に、今はもう終わってしまった「M―1グランプリ」の覇者であるチュートリアルさんとさせていただいた対談だ。

僕は漫才日本一を決めるあの大会が大好きで、毎年のように会場に足を運んでいた。チュートリアルさんの漫才にも大いに笑わせてもらったし、徳井義実さん、福田充徳さんのふたりと対面することになってすごく光栄だった。

話している最中、ドイツワールドカップの話になった。

僕にとっては振り返るたびに胸が疼くような苦い思い出だ。

グループリーグの初戦。終盤まで僕らはオーストラリアに1対0でリードしながら、終了間際の10分たらずで3失点して、逆転負けを喫した。

あの時、僕らが大きく変わったのは1失点目だった。冷静になって考えれば、同点でも悪くなかったのだ。初戦で勝ち点1を取っておけば、予選の残り2試合で巻き返せる可能性が十分あった。だけど、僕も含めて多くの選手がそうは思えなかった。

「まずい。追いつかれた。どうにかして、1点返さなきゃいけない」

焦りがネガティブな空気を生み、チーム内に一瞬にして伝播していった。ディフェンスラインは、巨漢の選手をそろえるオーストラリアのパワープレーによってかなり消耗していたし、実際のところ反撃できる状況ではなかった。結果的に攻めに出た日本は、かえって傷口を広げて惨敗。あのスコアでグループリーグ敗退がほぼ決まったといってもよかった。

僕は当時の心理状態をチュートリアルさんに話した。同点となった時に冷静な判断ができなかったこと。ネガティブな感情はすぐに広がってしまうということ。

すると、チュートリアルの徳井さんが言った。

「漫才でも相方が緊張しているなと思ったら、こっちにも伝染するんですよ」

徳井さんいわく、福田さんが噛んだりすると、その様子にすぐ感化されてしまうというのだ。僕は頷いた。やっぱり、不安や緊張、焦りなどの感情は移りやすいのだ。そして一度、蔓延してしまうと取り除くことが難しい。

僕は2010年の南アフリカワールドカップの時に、同じような状況に陥ったチームを目撃した。グループリーグ初戦の対戦相手だったカメルーンである。

カメルーンはエースのエトーを筆頭に身体能力の高い選手をそろえていて、敵に回すには嫌な相手だった。だけど、当時はワールドカップまでのチーム作りがうまくいっていなくて、調子自体はそこまで上がっていなかった。

そしていざ、本番。

ピッチの上で彼らの表情を見ると、極度の緊張に襲われていることが分かったのだ。とにかく、みんな顔が強ばっていた。

初戦を迎えるにあたって僕自身、心の奥底ではかなりの緊張感があった。でも、相手選手の顔を見て、「カメルーン、ガチガチじゃないかよ」と思ったら、スーっと気持ちが軽くなった。試合が始まっても、一番警戒していたエトーがサイドに陣取っていてほとんど怖さを感じなかったし、相手の試合運びもアフリカ人特有の速さや強さを生かした戦術ではなく、丁寧にパスをつないでいて、明らかに自分たちの良さを見失っている感じだった。

あの頃のカメルーンは監督が一番、緊張していたのだと思う。それまでのチーム作りがうまくいかず、初戦で一番楽な相手の日本からしっかりと勝ち点を取らなければいけないとでも考えていたのだろうか。スタメンにもそれまでの試合ではあまり見ることがなかった新戦力を起用してきていて、かえって日本にとっては楽な展開だった。チーム全体がどこかギクシャクしていたカメルーンは、試合終了まで悪い流れを変えることができなかった。だから、僕らも1対0で勝利できたのだと思う。

カメルーンの例でも分かるように、やっぱり、**組織の中でだれかがネガティブなオーラを発していると、周りもそこに引きずられてしまう**のだ。そして、いつも通りの力が出せなくなってしまう。

イギリスの政治家であり小説家でもあるベンジャミン・ディズレーリという人が残した、

「**人生の成功の秘訣は、チャンスがきた時にそれに対する準備ができていることである**」

という言葉を目にしたことがあるが、勝負に勝つためには前段階からしっかりと準備をして、ネガティブな感情を封じて込めておくことが必要なのだ。ドイツの頃の僕らにしても、南アフリカのカメルーンにしても、結局は準備が足りなかったために、ピンチに陥った時、ネガティブな空気が広まってしまったのだと思う。

こうして、緊張は伝播する、と思い至った僕は、なにより自分ができる準備に重きを置くようにした。それでも緊張してしまうのであれば、対戦相手の緊張している選手やスタッフを探すようにした。すると、「なんだ、相手も緊張してるんじゃないか」と心が落ち着くのだ。

それでもダメな場合は、究極の思考「ま、いっか」の精神で開き直っている。しっかりと準備をしている自信があれば、開き直ることもそう難しくない。

選手によってはマイペースのヤット（遠藤保仁）だったり、強気の闘莉王だったり、まったく緊張しないタイプもいるけど、僕は元来が緊張しやすい性格だから、人前のスピーチなども苦手だ。でも、そんな時に、かっこよくやろうという意識を捨てて、「ま、いっか」のノリでいくと、意外としゃべれてしまうのである。

◆「プロとして在るべき姿」で行動する

ピッチ以外での行動が、プロアスリートにはとても大切なのだ、と気付かされたことがある。

僕はもともとオンとオフがはっきりわかれている。いったん、サッカー選手としての仕事場を離れると、気分はイチ神奈川県民。だからプライベートで、ファンの方から話しかけられるようなことがあっても、愛想よくふるまうことをしてこなかった。取材で私生活を問われ、「いったんグラウンドから離れたら、ものすごい無愛想だと思いますよ。ファンの方には常々、プライベートでは不機嫌ですから、と公言して謝っています」なんて答えたこともあったほどだ。

そんな僕が新たな視点を植えつけられるきっかけとなったのは、タレントの勝俣州和さんから授かった金言だった。

２０１１年のオフのこと。プライベートでハワイ旅行に行くと、勝俣さんと偶然、会った。一緒に食事に行くことになり、レストランで談笑していると、周りの人がこちらに気が付いた。勝俣さんは人気者だから、すぐにあちらこちらから「かっちゃーん」と声がかかった。

「写真撮って」

「サインしてよ」

もうファンの人の勢いがすごくて、ゆっくりと話す余裕もないくらい。でも、勝俣さんは嫌な顔ひとつせずに、大声で返事をして、走っていく。相手がだれであろうが関係ない。いつも笑顔で、応対するのだ。そんな姿を見ながら、「仕事中でもないのに、大変そうだな……」と感じていた。

年配の女性の人と写真を撮り終えた勝俣さんが戻ってきて、僕に言った。


「こっちは人に見られることが仕事でみんなに応援してもらう職業だから、それに文句を言ってもしょうがないよね（笑）。僕が相手の立場だったら一緒に写真を撮ってもらえたらとても嬉しいし、もし断られたら悲しい思いをするだろうしね。だから、呼ばれた時にはいつも笑顔でいることを心掛けておいたほうがいいんだ」


それを聞いて、僕は心底、感心した。

サッカー選手はプレーを観られてナンボの商売である。だからこそ僕の場合はオンとオフの切り替えをしっかりしたいと考えていて、プライベートではなるべくコソコソして、目立たないようにしていた。町中でサインや写真撮影を求められても、基本的には応じないし、断られた人は感じ悪く思っていたはずだ。

でも、勝俣さんの考え方は正反対だった。

人の前に立つ仕事だからこそ、オン、オフ関係なく、自分のイメージをしっかりと作るようにしていた。勝俣さん本来の人の良さもあるのかもしれないけど、決して人に嫌な思いをさせるようなことはしない。僕はその様子を見て、これこそが本当のプロフェッショナルだと感じたし、だから、人に愛されているのだと思った。

アスリートによっては、日常生活の中でカメラを向けられた時にブスッとした表情で隠れる人もいるだろう。有名人だといっても同じ人間なのだから、それも自然な反応だと思う。

でも、**同じ断るのでも、笑顔で言うのと無視するのとでは、人に与える印象もまるきり違ってくるし、それがゆくゆく自分の仕事にも跳ね返ってくる**ことがあるかもしれない。

勝俣さんを見てそう考えさせられた。

僕は本来、社交的な人間ではないし、人見知りする部分もあるから、初対面の人とフランクに接するのはかなり苦手な方だ。でも、勝俣さんの言葉を聞いて以来、なるべく、どんな人とも笑顔で接するように心掛けるようになった。

最初の頃は、「こんなキャラじゃない」という葛藤もあったけど、意識してやっていくとだんだんと慣れていくものだ。

相手が年下の人でも、なるべく敬語を使ったり、ファンの人が何を求めているのかを考えながら接したり。そうやって、一つひとつの言動が人に見られていると思って行動すると、自然と普段の振る舞いも変わっていった。

アスリートといえどもお客さんに見てもらう仕事をしている以上、やっぱり人との接し方は大事なのだと思う。その一つひとつのイメージが積み重なって、プロ選手としての人気やサッカー人気につながっていくのだ。

僕は今では町中でも堂々とするようになったし、もし、何かを求められて応じることができない時も、笑顔を絶やさないようにしている。これによって何が変わった、ということはまだないけれど、プロの在るべき姿を教えてもらった気がしている。

だけど、まだまだ勝俣さんの域には到達できそうにない。あの満面の笑みでさっそうと走っていく姿。どんなに無茶ぶりをされても、決して笑いを絶やさない応対――勝俣さんはスゴイ。

◆忙しい時こそ、アクションを

僕は今「ＮＡＫＡＺＡＷＡ ＳＣ」という小学生向けのサッカースクールと、東日本大震災の被災地への訪問プロジェクトを定期的に行っている。これまでシーズンの合間をぬって8回、被災地の子どもたちとサッカーをしたり、瓦礫撤去などのボランティア活動にも参加させてもらった。

試合、練習が日々あるシーズン中はおのずとタイトなスケジュールになるため、時々「そんなに忙しくて、大丈夫ですか？」と聞かれることもある。

実は、数年前までの僕は、シーズン中にサッカー以外のことをすることに大きな抵抗があった。それはサッカースクールはもちろん、取材や広告関係の撮影など、サッカーに直接関係ないことすべてに対してだ。実際、それまでの僕は、ピッチの中のことを優先し、それ以外の仕事をかなり断っていた。ほかのところに労力を注いだ結果、本業が疎かになってしまえば、本末転倒だと思ったからだ。

その考えに変化が起きたのが、日本代表の活動を休止していた２００７年ごろだった。代表を引退し、以前より時間に融通が利くようになった僕は、サッカー業界以外で働いているビジネスマンの方たちと知り合う機会が一気に増えていた。

ある日、とある企業の偉い方とたまたま食事をすることになり、お互いの仕事について なにげなく話していた。聞くところによると、相手の人は非常に多忙な日々を過ごしているようで、ほとんど休みもないような状態らしかった。

僕はその話に共感を覚えた。僕自身、日本代表とクラブとの掛け持ちに体を酷使し過ぎ、代表から退いた経緯があったからだ。

だけど、こちらが休みの少なさをぼやくと、その人はやんわりと否定した。

「忙しい時だからこそ、何かをやったほうがいいよ。忙しくない時にやってもほとんど意味がないんだから」

意外な言葉だった。

僕は最初、意味が分からなかったけど、話を聞いていくうちに、その人の話が妙に腑に落ちた。

忙しいからこそ、やらなければいけないこともたくさんある。現役の選手だからこそ子どもたちに伝えることができることがあるはずだ。その人はそう言いたかったのだ。

さらに言葉は続いた。

「忙しくない時であれば、それはだれだってやるんだ。でもそれはまさしく仕事でしょ」

「忙しい今だからこそ、いろいろとやってあげれば、引退した後にきっとつながるよ。もし、地位や名声がなくなった時、きっと助けてくれる人たちが出てくるはずだから」

当のご本人も多忙な日々を送っていると聞いていたため、その言葉には説得力があった。

暇な時に何かをしたところで、相手には響かない。

忙しい時にやってこそ、より相手に伝わるのかもしれない。

誤解してほしくないのは、これは引退後の活動に意味がないということではなく、自分が今できることに対して、どう考えるか、というスタンスの問題であるということだ。

例えば、サッカースクールに引退後の僕と、現役である僕が行くのではどう違うか。

さらに代表のユニフォームをまとっている時期と比べたらどうか。

子どものリアクション、影響力は大きく違ってくるだろうことが想像できた。日本代表選手にかけられた言葉に感激し、その励ましを原動力として、その子どもが将来、日の丸を背負うようになるかもしれない。

僕はその後、日本代表に復帰し、再び生活が忙しくなっていった時に、その人の言葉を思い出し、二度目の日本代表人生では多少、忙しくてもサッカーに影響のない範囲で多くの活動を行うようになった。

埼玉県の地元で高校の後輩たちと始めていた「ＮＡＫＡＺＡＷＡ ＳＣ」では、練習や試合の合間をぬって、子どもたちと交流を持った。南アフリカのワールドカップの年になっても、Ｊリーグのクラブがないような地方の都市でサッカー教室を行った。やっぱり日本代表の選手が行くと、子どもたちはすごく盛り上がるのだ。特に、ワールドカップが目前に迫っている時はなおさらだった。彼らが笑顔になってくれれば、僕も遠くまで足を運んだ甲斐があると思えた。

メディアの取材にもできる限り応じるようにした。

人間やればできるものである。僕はそのような活動を続けながら、二度目のワールドカップを戦い、ベスト16にも入ることができた。今振り返れば、２００８年ごろからこれまでかなりのイベント数をこなしたと思う。すべては日本代表を引退していた時期に、背中を押されたものだった。

そうやって活動を続けてきた僕は、ここ数年で数え切れない数の子どもたちと接することができた。「NAKAZAWA SC」の教え子たちは、定期的に日産スタジアムに試合を観戦に訪れている。その時は、彼らにいいプレーを見せてやろうと、普段よりも気持ちが高揚し、いつも以上に高いモチベーションで試合に臨むようになった。また、将来の楽しみもできた。彼らがこれからどう成長していくのか、想像するだけでわくわくする。

「忙しい時こそ、行動しよう」を実践したことは、僕の中で新しいエネルギーを生み、サッカー選手として大きな成長をもたらしてくれたように思う。

◆主張をするなら〝当たり前〟の結果を残す

僕がなぜボンバーヘッドと呼ばれるようになったか。

それはヴェルディとプロ契約した直後のテレビ局の企画がきっかけだった。

そこでニックネームにつけることになり、思いついたのが「ボンバーヘッド」だった。

少しでもインパクトがあるものを選ぼうと、当時流行していた「m・c・A・T」さんの「Bomb A Head!」をもじって決めたのだ。その頃の僕はもっと髪が長く、爆発したようなロングヘアだったため、それともマッチしてすぐに認知されるようになった。今振り返っても、あのネーミングは成功だと思っている。

その時、僕が長髪だった理由は、人に覚えてもらいたいからだった。

髪を伸ばし始めたのはブラジル留学から戻った頃。母校の三郷工業技術高校で練習していても、なかなかプロへの道筋が見つからず、どうにかして自分を印象づけようと思って、思い切って髪を伸ばし始めたのだ。人と違う風貌ならば、プロのスカウトの人に「なんだ、あいつは」と思って名前と顔を覚えてもらえるかもしれないし、グラウンドのどこにいても分かりやすい。以来、ずっと僕は長髪を貫いてきた。

だけど、その髪形が悪い意味に捉えられたこともある。

ヴェルディで練習生をしていた時期に、クラブの人が横浜F・マリノスに掛け合ってくれて練習に参加した時のことだ。僕がF・マリノスの練習場に行くと、

「お前、なんだ、その格好は！　まずその格好をどうにかしろ！」


と怒られた。確かに、僕のロン毛が「ちゃらんぽらん」に映ったとしても仕方がない。その瞬間に、「ああ、もうマリノスじゃ雇ってもらえないな」と思ったものだ。

サッカーの世界ではなくても、外見や本来の仕事と関係ないところで上司や外部の人に叱責を受けることは多いのではないだろうか。言われた側からすれば、理不尽に聞えることもある。

ではそういった、外見などでとやかく言われないために必要なことは何か。

簡単に言ってしまえば、結果だ。

今の若い選手も目立ちたくて金髪にしてみたり、銀髪にしてみたりということはあるけど、そこで結果を出せなければ、「ちゃらんぽらん」で終わってしまうし、逆に

活躍をすれば、どんな髪形でも試合に使ってもらえるだろう。

もうひとつ、日頃の言動がしっかりしていることも大切だ。僕はロン毛だったけど、練習時間に遅れて行ったことはないし、約束もきちんと守った。まずはチームありき、という協調性だって忘れてはいない。「その格好をどうにかしろ」と言われて以来、サッカーに対しては真摯であろう、と思い、一層努力するようにしたのだ。

仕事の成果が出ないのはまだ仕方がないにしても、もし、当たり前のこともできないのに、自分のスタイルを主張していたら、それはお門違いも甚だしい。

だから、僕なりの結論。

「外見でごちゃごちゃ言われたくなかったら、やることやれ」

これができれば、自分のスタイルを貫いていけるだろう。

でも、そうやって往々にして外見で判断されることがあることを考えると、ヴェルディに練習生として受け入れてもらったことはある意味でラッキーだったのかもしれない。当時のヴェルディに個性的な選手が多かったこともあって、外見と能力を切り離して考えてくれていたのだと思うが、単なる「ちゃらんぽらん」として見られていたら、今の僕はなかったはずだ。

◆行動すれば、出会いがある

僕は、この本の中で人と出会うことの大切さについて記した。

だけど、いい出会いというものはだれにでも訪れるわけではない、と僕は感じる。ただ単にだれかと出会うことはできるかもしれないけれど、それが自分にとって意味をなすかなさないかは、自分の行動次第だと思うのだ。この章の最後に、それについて書いてみたい。

高校を卒業してブラジルに留学していた頃の話である。

現地で練習を始めた直後は、日本人に対する偏見も強くて、指導者や選手のほとんどが手を差し伸べてくれなかった。パス回しやゲームをしていても、ブラジル人の方が圧倒的にうまくて、力の差を見せつけられるばかり。だから、僕はせめて、持久走やフィジカル練習では負けないようにしようと肝に銘じた。

所属していたＦＣアメリカは起伏のある地域に位置するため、走りの練習がかなりきつい。当時はアップダウンの激しいコースを走ったり、山の上までダッシュとジョギングを繰り返したりと、過酷なメニューが組まれていた。三郷工業技術高で走り込んでいた僕も驚くような練習量だったけど、懸命に食らいついた。その頃は大抵の場合、先頭を走っていたと思う。

すると、何カ月か経ったある日、監督のアミウトンから声をかけられた。

「**お前は走りも手を抜かずにがんばってるよな**」

彼は比較的、人種で選手を判断しないタイプで、日ごろの努力や練習に臨む姿勢を見ていてくれたのだ。以来、アミウトンのチームでは試合に起用してもらえることも増えていった。

僕はその頃思った。

頑張っている姿は、どこに行っても認められるのかな。

たぶん、僕がそこで少しでも手を抜いていれば、アミウトンが目をかけてくれることもなかったはずだ。彼に認められなければ、試合を経験することもできなかっただろう。大事なのは、自分が下手なことを自覚したうえで、それでも絶対に周りに負けたくないと感じた、その気持ちであり、行動だった。その思いを持ち続けたからこそ、アミウトンも僕に注目してくれたのだ。

高校の恩師である村田先生にしても同じことがいえる。

僕がいくら「プロになりたい」と言ったところで、それが口先だけで何も努力をしなかったり、もしくは、愚痴を言いながら練習をしていたら、相手にしてくれなかっただろう。技術がなくても、飛び抜けた身体能力がなくても、とにかくがむしゃらにやっていたから、力になってくれたのだ。

だから、僕はどんなに絶望的な状況であっても、必死になってやることが大切だと思っている。そのがんばりは、きっとだれかが見てくれているはずだし、ちゃんと目標を持ってやっている人の周りには、自然といい出会いが寄ってくるものだと信じている。

出会いというのは、自分の魅力で引き寄せるもの。そのためには行動が必要だ。

ぜひ読者の皆さんも、自分を打破するために言葉を味方にし、行動してみてほしい。きっと、仕事でも人生でも、大きく前進できるはずだ。僕がそうであったように。

第4章 人を動かす言葉

P.175

俺は本当に世界を驚かせるつもりでいる。最初から全員がそういう覚悟で臨むのは難しいと思うし、何人かの選手でもいいから、2010年に向けてそういう空気を出していってくれないか

——岡田武史

P.166

たらたらやってるなら、やめちまえ！

——中澤佑二

P.203

人を動かすのはリスペクト

——中澤佑二

P.194

チームがあって選手があるんだから、まずチームが勝つために何をやらなければいけないかを考えた方がいい

——中澤佑二

P.199

いや、走らないです

——本田圭佑

P.185

身長がデカくて
使えるかもしれないから、
中澤はとりあえず取っとけ

――李国秀

P.189

「足を手術しろ！」
「日本人はなんで
そんなに大人しいんだ。
もっと主張しろ」

――フィリップ・トルシエ

P.170

「ナイスパス」
「いいよ、今の良かったよ」

――名波浩

P.180

22歳までは、サッカーでもなんでも、
好きなことをやっていいわよ。
でも、世間一般でいう大学卒業の
年になったら働きなさい

――母親

◆怒鳴ることは誰でもできる

チームをまとめるためにはどういう言葉を発すればいいのだろうか。強い言葉か、優しい言葉か……。相手に響くように言葉を使いこなすことは難しい。そんなことを実感した過去が僕にはある。

僕は高校時代、練習で笑顔を見せている選手が許せなかった。

目標は、とにかくチームを強くして、少しでも上位にいくこと。

そして、プロのスカウトの目に触れること。

そんなことばかりを考えて無我夢中に練習に打ち込んでいたし、周りにも同じような姿勢を求めた。

高校3年生でキャプテンを任されるようになると、その傾向は一層、色濃くなった。

練習で笑っている選手を見ると無性に腹が立った。彼らは楽しくやりたかったのだろうけど、僕の目には真剣さが足りないように映ったのだ。

ヘラヘラしている選手にはボールをぶつけたこともある。

「たらたらやってるなら、やめちまえ！」

と怒鳴り散らしたことも珍しくない。

結果、後輩の半分近くが部を去っていった。後で「中澤先輩の下では続けられません」というような声も耳に入ってきた。

その頃、同級生に仲の良い部員もいたけど、はっきりいって目的意識には絶対的な温度差があった。

かたやプロ選手を目指して、高校サッカーをステップの場と考えている者。

かたや高校サッカーの集大成として、埼玉県でひとつでも上位に行こうという目標を見据えている者。

両者の間には埋めようのない溝が横たわっていた。

だから卒業後、高校に在学中だった当時の部員とはほとんど交流がなくなっていったし、卒業後に同期の集まりに呼ばれたことも一度もない。

それについては少し寂しいけど、仕方がないことだと思っている。当時は夢に向かってひたすら頑固に突っ走っていたし、仲間や後輩に嫌われても俺はプロになるんだという意識だったからだ。

だけど一方では、当時の態度を反省してもいる。

もう少し視野が広ければ、あるいは、心に余裕を持てていれば、自分のペースで練習する仲間や後輩を受け入れることができたかもしれないし、高校時代にもう少し深い人間関係も構築できたかもしれない。

現に、今では周りのことや後輩のことも考えられるようになったし、チームの雰囲気を大切にしようという努力もするようにもなった。

結局、高校3年間は自分のことしか考えられなかったのだと思う。自分を曲げられず、妥協できず、周りを否定することしかできなかった。

ただ、こんなふうに考えるようになったのも、自分が夢を叶えることができたからだとも感じる。あのがむしゃらに走り続けた高校時代がなければ、プロの世界に飛び込むこともできなかった。

だから、当時のことで反省するのであれば、過去を悔いるよりも、今後に生かしていくしかないと思う。


もし今、周りに全力でやっていない選手がいたとして、

「たらたらやっているなら、やめちまえ！」
と**怒鳴るのは簡単**だ。
だけど、それでは、チームを良い方向に導いていくことはできない。
なぜその選手がたらたらやっているのか。
そうならないためにはどういう働きかけが必要なのか。
そんなことまで考えながら、今はサッカーに打ち込むようにしている。

◆言葉をかける間合いをはかる

高校時代にそんな苦い思い出を経験した僕は日本代表の主将を経験して以降、言葉の伝え方に苦心してきた。同じ言葉でも、伝える相手、その心理状況や場所、タイミング、伝え方によってまったく響かないものになってしまう可能性があるからだ。大げさかもしれないけど、言葉を、戦略的に使うことができれば、組織を目標達成に導びけるかもしれない。

だから褒めたり、あるいは、叱ったり、そんな声をかけるタイミングはすごく大事だ。どうやれば、言葉が人を動かすのか。僕はプロ選手として年数を重ねるに連れて下の世代も増えてきて、彼らに対する言葉のかけ方をいろいろと考えるようになった。

僕がこれまで接した中で、言葉のかけ方が効果的だな、と思ったのは名波浩さんだ。

名波さんには１９９９年から日本代表で一緒になった時に、すごく支えられた記憶がある。当時は代表を率いていたトルシエさんがすごく厳しかった反面、上の年代の選手たちがチームの雰囲気を壊さないように気遣ってくれていた。その中のひとりが名波さんで、僕みたいな若手も優しく受け入れてくれた。

当時は練習についていけないシーンが多かったけど、たまにいいプレーをすると、名波さんがそばに寄ってきて、ボソッと褒めてくれるのだ。

「ナイスパス」

「いいよ、今の良かったよ」

僕はそのたびにうれしくなった。特に名波さんは代表チームの中でもずば抜けてうまい選手だった。そういう存在に認められれば、だれだって気分が良くなるに決まっている。

例えば、一般の企業でいえば、ものすごく仕事ができる人から、「企画、良かったよ」とか、「今のプレゼン、成功だな」と言われるようなものだ。声をかけられた後輩は気持ち良くなって、一層、仕事に励んでいくに違いない。

あの頃の名波さんは、まさにそういう役回りを演じていた。練習中に前面に出てくるわけではない。でも、ワンプレーごとに、陰でタイミング良く言葉をかけてくれるのだ。

あまり目立たないところで、さりげなく言う。これがポイントだったと思う。特にあの時の僕は、自分の実力と日本代表という肩書きにギャップを感じ、一緒にプレーするメンバーの豪華さにも圧倒されて、自信を持てない時期だった。だからこそ、人前で褒めてもらうより、「良いプレーもできてるよ」「ちゃんと見てるから」とこそっと言われる方がとても心に響いたし、勇気をもらえた。

トルシエさんが怒鳴り散らすタイプだったことも、名波さんの存在を際立たせていた気がする。社長がムチばかり振るうために、その下で働く部長が「社長はああやって言ってるけど、良かったぞ」とフォローするようなイメージだろうか。名波さんのおかげで、確実に練習の雰囲気も良くなっていた。そう考えると、名波さんの人心掌握術は本当に絶妙だったと思う。

僕は名波さんのようなやり方を見習いたいと思っているけど、自分はそんなにクールなキャラではないし、「ボソッ」と言うのがとても難しい。だから、当時の僕みたいな若くて、まだ自分に自信が持てないように見える選手には、大声で「いいよ〜！いやぁ、素晴らしいんじゃない。普段そんなことやらないでしょ！」と明るく言うようにしている。その声がどれほどの効果を生んでいるかは分からないけど、少なくともタイミング良く褒めることは重要だと思っている。

一方で、何か悪い部分を指摘するときは、人前で言うのを避けるように気を付けている。なぜなら、今の若い選手たちは怒鳴られたりすると、萎縮したり、背を向けてしまうからだ。例えば、試合中のミスでもなるべくその瞬間は怒鳴らず、終わった後にコソッと「あの時はこうしたほうが良かったんじゃないか？」と伝える。あくまでも「こうしろ」「こういうプレーや態度が正解だったぞ」というような答えを押しつける言い方はせず、自分で考えさせ、そのプレーをもう一度、振り返るきっかけを与えるようなイメージだ。そうすれば、若い選手も冷静に聞くことができるし、反省を次に生かしやすくなるのではないだろうか。

やっぱり若い選手には縮こまってプレーさせるよりも、伸び伸びとやれる環境を与えてあげたほうがいい。変に自分の役割を意識させせたり、責任を感じさせるよりも、彼らのフレッシュな力や感性を引き出してあげたほうが、チームに勢いを与えてくれるからだ。

例えば、いまや日本サッカー界を支える選手のひとりになった（長友）佑都も、最初はおどおどしている部分があった。特に、2009年に日本代表に入ってきた頃は考えすぎているような雰囲気があり、ミスをした時などに落ち込んで、「ああすれば良かった」と周囲に漏らすことが多かったのだ。

だから僕は声をかけた。

「そんなのは別にいいんだって。とにかく、伸び伸びやってくれ。そういうのをカバーするために、ベテランが選ばれてるんだから。そういうふうに考えるのはまだ早い。30歳を超えて、下の選手がたくさん入ってきてからでいいよ」

佑都から積極性がなくなれば、彼の良さが半減してしまうのは、だれもが分かることだ。彼に余計な重圧を背負わせないためにも、そういう声がけは大事だったと思う。

だけど、やっぱり名波さんの域にまで達するのは難しい。あれほど、影響力のある言葉はそうそうないと思う。

ボソッとした口調で「ナイスパス」。

僕には到底、真似できない。けれど、自分の言葉がそうやって人の心を動かすものになるよう、少しでも努力したいと思っている。

◆夢はポジティブを伝播させる

僕が今まで関わってきた多くの尊敬する人たちのなかでも、言葉を巧みに操ることにおいて、岡田監督の右に出る者はいないだろう。

もっとも印象的だったのが、２００７年末に病気に倒れたオシムさんの後を継いで代表監督に就任した時だ。ご存知のとおり、岡田さんは「世界を驚かせる」をスローガンに掲げた。

目標はなんとワールドカップベスト４。

確かに日本がそれだけの成績を収めれば、世界中が驚くに違いなかった。

その言葉を聞いて、半信半疑だった人もいるかもしれない。選手も最初のミーティングで聞かされた時は、みんなピンときていなかったと思う。だけど、岡田さんは本気でその前人未到の目標を目指していた。その証拠に、岡田さんが日本代表の指揮をスタートさせた直後、僕と（中村）俊輔、ヤット（遠藤保仁）を宿舎の自室に呼んでこう言ったのだ。

「俺は本当に世界を驚かせるつもりでいる。最初から全員がそういう覚悟で臨むのは難しいと思うし、何人かの選手でもいいから、２０１０年に向けてそういう空気を出していってくれないか」

僕はその時、岡田さんの決意の大きさを知った。決意が窺い知れたのは、その言葉だけではない。オーラ、その雰囲気、口調、そしてたった４人の空間……。そのすべてから本気度が伝わってきた。

僕の中では、あの言葉が、南アフリカワールドカップへの号砲だった。

岡田さんの言葉の使い方で上手いな、と思うのは「**否定しない**」ことだ。

岡田さんは「挑戦」することに関して、すごく前向きで、人が何かに挑戦する時も、決して否定はしない。

あれは岡田ジャパンがスタートした直後のことだ。代理人を通じて、僕のもとにギリシャのクラブからオファーが届いた。

欧州チャンピオンズリーグにも出場できる強豪クラブだったし、南アフリカワールドカップに向けて、レベルの高い環境で自分を磨くのもいいかもしれないと僕は感じた。反面で、ヨーロッパリーグと日本代表の掛け持ちは体力的なダメージが大きく不安を捨てきれなかった。ヨーロッパで技術を磨いても、南アフリカワールドカップにつなげることができなければ、自分の本意ではないし、岡田さんにも迷惑をかけてしまう。僕は悩みに悩んだ末に、岡田さんに電話で相談した。

すると、岡田さんは言った。

「そこで試合に出られるかどうか分からないけど、一か八かそこに行ってなんとかしようというのだったら、俺は止める。ただ、お前がトライしたいんだったら、俺は代表の監督だけど止めない。一か八かの賭けとトライは違うのるかそるかのギャンブルではなく、自分自身で本気で挑もうという意気込みがあるのなら、その意志を尊重するというふうに言ってくれたのだ。

結局、その時はこちらが考えている間に、話が立ち消えになり、Jリーグに残ることになった。それでも、岡田さんの言葉によってひとつの判断基準を知ることができたし、あの話がそのまま生きていたら、僕は移籍を選択していたかもしれない。

そしてその後も、僕らの挑戦は続いた。ワールドカップベスト4を合い言葉に、多くの苦境を乗り越えることができた。

結局、本番では決勝トーナメント1回戦でパラグアイにPK戦の末に敗れてしまったけど、本気でベスト4を目指していたからこそ、アウェー大会で日本初のベスト16に進出できたのだと感じる。

あの時の日本代表は、ほんのわずかかもしれないけど、「世界を驚かせる」ことができたはずだ。そういう積み重ねによって日本が少しずつ世界に認められていくのだと思うし、チーム一丸となって世界のベスト4に挑戦した経験は、決して無駄にはならないだろう。

岡田さんの下で挑戦した2年半の間で、選手みんなが「挑戦」することの大切さに気付いたのではないか。

だからこそ、2014年ブラジルワールドカップに向かう日本代表選手の視線も、「ベスト4」よりさらに上に向くようになったのだと思う。

改めて振り返ると岡田さんのように、何かに挑戦する時、あえてインパクトのある言葉を用いて目標を明確に打ち出すのも有効な手段だと感じる。

しかも着実に浸透させるために、岡田さんはまず、**夢に同調してくれそうな僕や俊**

輔、ヤットに厳かに、真剣な眼差しでそれを伝えた。結果、言葉が伝播し、やがて組織全体に根付いたのだ。

使い方によって、言葉は絶大な効果を生む。その意味でも岡田さんに学ぶ点は多い。

もうひとり、言葉を上手に使っているな、と思った人がいる。母親だ。

プロになれるかどうかまったく分からなかった時期に、僕はかなり母親に迷惑をかけていたと思う。

なんと言っても、高校を卒業した男が働いている様子もなく、朝と夕方にどこかに出掛けていくのだから、ご近所さんからすれば、怪しいに決まっている。

「お宅のお子さん、何をしているんですか？」

と聞かれたところで、母親も答えに窮しただろう。

だけど、母親は僕にサッカーをやめろとは言わなかった。

むしろ、生活面で懸命にサポートしてくれていたと思う。

ヴェルディ川崎の練習生だったころはアルバイトも何もしていなかったから、コンビニで飲み物を買う余裕すらなかった。だから、毎朝5時に家を出る時は必ず母親が作ってくれたおにぎりと凍らせた水筒を持っていった。

毎晩、僕が夜9時ごろに帰宅すると、夕食を作り、汚くなった練習着を洗濯してくれたのも母親。埼玉県から東京・稲城市にある練習場までの交通費を払ってくれていたのも両親だ。あの頃はいつ契約を解除されるか分からない状態だったから、定期券を購入することもできなくて、往復で２０００円以上の交通費を毎日、支払わなければいけなかった。だから僕の生活費だけでもかなりの出費だったと思う。

プロを目指している最中、そんな母に言われたことがある。

「22歳までは、サッカーでもなんでも、好きなことをやっていいわよ。でも、世間一般でいう大学卒業の年になったら働きなさい」

僕にとって忘れられない言葉のひとつだ。僕の夢を応援していること、きちんとひとり立ちしてほしいことの両方がきちんと伝わってくる。

もうひとつ、母親は、僕の父親譲りの頑固な性格を見抜いていたんだと思う。僕の場合は、もしサッカーを無理矢理やめさせられそうになったら、逆に意地になって突っ走ってしまうだろうことを見越していた。だから、あえて期限を設けることで気持ちの整理をつけさせようとしたのだ。

僕としても、親に食べさせてもらっている身だから、そう言われたら文句の言いようがない。むしろ、逆にその言葉はすごくありがたかった。ゴールを意識させられることで、さらにスイッチが入ったからだ。

僕はそれ以降、一層、サッカーに集中するようになったし、少しの時間も無駄にしないようになった。そのおかげでプロへの扉に手をかけることができたのだとも思う。

そう考えると、**言葉というものは、その人の性格をしっかりと見抜いたうえで伝えることが大切**なのだと分かる。

母に言われた言葉で、もうひとつ忘れられないものがある。

「毎日の反省と
謙虚な姿勢と
日々、感謝。
これさえ心がけておけば、意外と人生はうまくいくものよ」

そんなふうに声をかけられたのは、僕がプロになる前後だった。

その言葉は今でも胸にはっきりと刻まれている。母からすれば、プロとして戦っていく息子に対して、人として最低限のことは守りなさい、と言いたかったのかもしれないが、意外とその3つすべてを徹底することは難しいものだ。

反省はできても、謙虚な姿勢を忘れたり、素直に感謝の気持ちを表わせなかったり。だから僕は、できるだけその言葉を意識するように心掛けてきた。

この3つの中で最も身についていたのは謙虚さだとは思うけど、それは僕を取り巻く状況が自然とそうさせていた部分もある。

プロに入ったばかりの頃は、周りがうますぎて、天狗になる場面などまったくなかった。ルーキー時代から先発で出場できたり、オリンピック代表やA代表に呼ばれたりもしたけど、その肩書きと自分自身のレベルにギャップを感じすぎて、精神的にいっぱい、いっぱいだった。

もともと、周りよりも技術的に劣っている意識が強かったから、プロとして経験を積んでいっても、自分の実力不足を常に感じながらプレーしてきた気がする。

やっぱり反省して、謙虚でなければ成長はつかめないし、周りの支えがなければ、競技人生を長く続けていくこともできない。その意味では、母親の言っていることは間違いではなかったという実感がある。

幼い頃から母親にはいろいろと言われてきたけど、こんなふうに記憶に残っている言葉は数少ない。でも、だからこそ、頭にこびり付いている言葉というのは貴重なのだと思う。

そして、そんな言葉を投げかけることができる母親の言葉の使い方には、今でも見習うべきところが多い。

◆武器を気付かせてやる

これまでも何度か書いてきたけれど、プロを目指していた高校時代の僕には強烈なコンプレックスがあった。それはサッカーが下手だということ。プロ入りが囁かれるようになるのは、やっぱりうまい選手。僕の周りでは、小学校から飛び抜けてテクニックがあるような選手が高校で選抜に入ってそのままプロになる、というストーリーが出来上がっていた。

今でこそ１８７㎝もある僕だけど、最初から背が高かったわけではない。特に中学校時代までは、飛び抜けて身長があったほうではなかった。それが、毎日、牛乳をがぶ飲みしていたことが功を奏したのか、急激に伸び始めたのだ。だから、以前は背が大きいことが自分の武器だとは思っていなかったし、プロにいく選手を見ていても体のサイズは関係ないように感じていた。高校に入って体が大きくなり始めても、なかなか「背がデカい＝ヘディングが強い＝プロ」とは思えなかった。

ようやく、自分の身長が武器だと思えるようになったのはプロに入ってからだった。ヴェルディと契約してしばらく経った時に、たまたま、プロ契約が実現した経緯を耳にした。練習生だった僕をプロとして残すか、残さないか議論になった時に、当時、総監督に就任した李国秀さんのひと言で決まったというのだ。

「身長がデカくて使えるかもしれないから、中澤はとりあえず取っとけ」

まさに鶴の一声である。人によっては、ショックな言葉かもしれない。サッカーが〝うまい〟選手なら特にそうだろう。でも僕は違った。

それを知ってビックリしたのだ。確かにその頃のヴェルディには僕くらい高さがある選手はいなかったのだが、まさか身長で採用されたとは思ってもみなかった。つまり、僕の身長は長所であり、下手でもその武器を生かせばプロでやっていけるかもしれないと気付かされたのだ。あの時、僕は小さい頃から牛乳を飲み続けてきて良かったと心の底から思ったものだ。

プロ生活をスタートさせてからも、李さんから事あるごとに言われた。周りよりもボールテクニックが劣っていた僕が、少しでも練習でミスをすると、

「お前を選んだのは実力じゃないんだよ。お前は身長がデカかったから入れたんだ」

とチクリチクリと言われ続けた。確かに言葉は悪かったけど、僕はその都度、自分

の役割を再確認することができた。練習にも前向きになれた。

ほんの少し前まではプロになれるかどうかも分からなかったのだから、この身長で夢を実現できたのだとしたら儲けものだ。やはり、**人にはない特徴や武器を持っていることは貴重**なことなのだ。例えば、プロの世界を見ていても、何でもそつなくこなせる平均的なプレーヤーは監督やコーチの目に留まらないことが多い。その器用さが逆にあだとなって印象が薄れてしまうのだ。だから、チームを組み合わせていく時に「まあ、こいつは今回はいいかな」と後回しにされることも珍しくない。

逆に、個性的な選手の方が周囲に与えるインパクトは強いし、最後の最後でメンバーに抜擢される可能性も高くなる。体の大きさや足の速さ、持久力やジャンプ力などほかの選手よりも秀でた武器があるために、日本代表のようなひとつ上のステージに引き上げられていくこともあるのだ。

以前の僕がそうであったように、自分では当たり前だと思っていることが他人から見れば実は長所として思われているということがよくある。そういう人は、自分の良さに気が付いていないだけなのだ。

きっとサラリーマンの世界でも、似たようなところがあるのではないだろうか。

なんでもテキパキとこなせるタイプは確かに有能かもしれないけれど、何かしらの特技があった方が大きな仕事につながる可能性はある。人脈だけはずば抜けているとか、あいさつ回りの件数だけは人には絶対に負けないとか。どんなに些細なこと、局所的なことでもいい。人にできないことができれば、いざという時に威力を発揮することがあるだろうし、意外と周りはそういうところに期待しているのではないか。

大切なことは、自分の良さや武器を認識すること。

せっかくの武器も、意識しているのとしていないのとではその効果もまったく変わってくるだろうし、人には負けないというものがひとつでもあれば、自信にもつながっていくはずだ。

僕自身、自分の武器に気付いてからの方がプレーが堂々としてきたし、自分の役割をしっかりとこなせるようになった。

李さんは、僕にそれを気付かせるために、事あるごとに〝デカいだけの選手〟を強調していたと考えるのはポジティブにとり過ぎだろうか。

「デカいから取ったんだ」

言葉は少し悪いかもしれないけど、僕にとっては最高の褒め言葉だった。

◆キャラで許される言い方もある

２００２年まで日本代表を指揮したフィリップ・トルシエ監督は僕にとって数少ない〝天敵〟のひとりだった。

選手が予期しないタイミングで激高したり、意味不明な言葉で叱責してみたり。

足元の技術で周りに劣っていた僕も、

「**足を手術しろ**」


という独特の言い回しで怒られたことがあった。

そんなトルシエさんに対して大きなしこりが残ったのは、なんといっても、日韓ワールドカップを巡る最終選考の場面だ。

最終メンバーの発表前、僕らはヨーロッパ遠征に行き、アウェーでノルウェー代表と対戦した。そこが最後の見極めの場となることは、選手たちも理解していたし、結果を出せなければ、メンバー入りが難しいことも分かっていた。

だけど、結果的に0対3で負けた時に、自分でも予想外の〝仕打ち〟が待っていた。全失点を僕の責任にされ、全員の前でこれでもかというくらい怒鳴られたのだ。

確かに3点も失っているのだから、センターバックとしては言い訳できない。だけど、さすがに失点の直接的な原因を作っていれば、ディフェンダーは気付くものだ。その時は僕自身、全責任を負わされるような自覚はなかったし、自分なりに精いっぱいやっていたつもりだった。だから、徹底的につるし上げられていくうちに、僕の心には、ふつふつと反発心が湧き起こってきた。

その叱責は到底、納得はできなかったけど、メンバーから外れることは覚悟できた。あれだけ罵倒されれば、メンバー入りなどできるはずがない。だから発表当日はなんの期待もせずに発表のテレビ中継を眺めていた。けれど、横浜F・マリノスのチームメートがマツさん（松田直樹）以外、だれも入らなかったのは衝撃だった。（中村）俊輔、大さん（奥大介）、波戸さん（波戸康広）。みんなノルウェー戦に出て、落選してしまったのだ。

それからしばらくはショックを引きずったし、トルシエさんに対する不信感も消えなかった。当時の僕は、その悔しさを糧にして次のワールドカップに向かっていった。

だけど、その後、2度のワールドカップを経験してみると、トルシエさんの考えについて理解できたこともある。

ひとつは、勝利をつかむ組織とはどうやって構成するか、ということだ。

トルシエさんは最後の最後でゴンさん（中山雅史）や秋田（豊）さんといったベテラン選手をメンバーに抜てきした。当時はそのサプライズ選出に、ノルウェーまで選考レースに参加していた僕らはなんだったんだろうと不可解に思ったものだけど、若いメンバーが多かった分、彼らを支える存在が必要だということを監督は分かっていたのだ。

もう一点、だれであろうと特別扱いをしなかった。当時、日本代表には、中田英寿さんという圧倒的な存在がいた。当時、イタリア・セリエAでプレーする、僕にとって雲の上の存在。けれどトルシエさんは、他の選手と対等に扱った。もちろん、ヒデさんにも容赦のない言葉を浴びせることがあった。

どの選手に対しても、「お前はあくまでチームの一員であって、王様じゃないんだぞ」という態度で接していたのだ。選手というのはチームメートであったとしてもポジション争いをするライバルであるから、だれかが特別扱いを受けていれば、敏感に察知する。トルシエさんが、特定の選手だけに甘い顔を見せていれば、すぐに不満が出ただろう。だけど、トルシエさんの前では選手はみな平等だった。強いて言えば、監督がスターだったというくらいだ。

大まかに言ってその2点によって、トルシエ・ジャパンはチームのバランスを保っていた。だからこそ、日韓大会で最大限の力も発揮できたように思う。当時は外から見ていても最後まで不協和音が出た様子がなかったし、ゴンさんや秋田さんに支えられて若い選手が伸び伸びとプレーできていた。そう考えると、トルシエさんのメンバー選びは間違っていなかったということだ。

トルシエさんの指導から学んだことはもうひとつある。

自己主張の必要性だ。

練習中、選手はいつも、

「日本人はなんでそんなに大人しいんだ。もっと主張しろ」

と怒鳴られた。その要求の仕方が激しすぎて、選手にとってはストレスになった部分もあったけど、厳しい世界で戦っていくうえでしっかりと自分をアピールすることは大切なことだ。当時、周りのレベルの高さに戸惑ってばかりいた僕はそこまでの自信が持てなかったけど、今ではトルシエさんの言いたかったことがよく分かる。

特に、伝えたいことをしっかりと言葉で相手に言うというのは大事なことだと気付かされた。言いにくいこともあるかもしれないけれど、同じ目標に向かっている仲間であれば、言わなければいけない時がある。トルシエさんのようにエキセントリックに言うことがいいかどうかは議論の分かれるところだろうけど、やはり彼も意識的にか、無意識的にか言葉を上手く使っていたのだと思う。

ただ、あの時の指導ではやっぱり嫌な思いをすることは多かった。

「足を手術しろ」なんて日本人の監督が言ったら、どう思われるのだろう。トルシエさんのあのキャラだから許されていた気がする。そういう意味では、僕がトルシエさんから得た一番大きなものは反骨心かもしれない。トルシエさんがあの時、僕を落としてくれたことで、ここまで走り続けることができたのだ。

◇自由をはき違えさせない

言葉を使うというテーマでいうと、大勢が議論する場で相手に自分の言葉をどう伝えるかも大きな悩みだ。

何かを話し合う時に、積極的に意見を出すことは大切かもしれない。だけど、発言する場合は、なんでもかんでも思ったことを口にすればいいというものでもない。みんなが言いたいことを言い合っていれば、結局、考えがまとまらずに、話し合う前と何も変わらないということも起こりえるからだ。

サッカーの世界でも、そのような場面がたまにある。

僕らが話し合うのは、多くの場合、ミーティングの場面だ。新しい組織が始まる瞬間、何かの大会に挑む前、対戦相手に対する情報を共有する時などにチーム全体で集まり、意思疎通を図る。

大抵の場合は監督が話し合いを仕切ることになり、選手が発言する場面も限られてくるため、会話が脱線していくことはほとんどない。問題は、選手だけで話し合いを行う場合だ。選手ミーティングはチームがうまくいっていない時に行われることが多く、ああでもない、こうでもないと話していくうちに、収拾がつかなくなることがある。

最近の例でいえば、２０１０年の南アフリカワールドカップが始まる直前と、２０１２シーズンの序盤戦で横浜Ｆ・マリノスが勝てなかった時期だ。それぞれ選手同士で話し合った結果、思わぬ方向に会話が流れていってしまい、結論をまとめるのに苦労することになった。

どうしてそうなってしまったかというと、それぞれが自分のやりたいことだけを主張してしまったからだ。

「俺はこういう戦術の方がいいと思う」

「俺はこれが得意だから、この位置でプレーしたい」

「今やっているサッカーは無理だと思う」

確かにそのような声は、素直な意見なのかもしれない。だけど、サッカーが団体競技である以上、個人の話ばかりしていても、チームとして機能させていくことは難しくなる。

しかも、組織にはすでに一定のルールが存在している。それらをすべて無視して話し合っていけば、チームとしての統制が取れなくなり、最悪の場合、空中分解する恐れもあるだろう。

南アフリカの直前も、一歩間違えば、チームがバラバラになりかねない状況だった。

本大会に臨む心構えの確認や意識統一を目的とした選手ミーティングで、戦い方に対する不満が出てきてしまったのだ。チームが不調だったことが影響し、攻撃の選手は攻める側の視点で意見をし、守備の選手がそれに反論するという繰り返しで、徐々に話し合いは紛糾していった。気が付けば、チームの前提となるはずの約束事も完全に置き去りにされてしまっていた。

後日、岡田監督が選手間の意見の衝突をうまく吸い上げて、戦術を切り替えていってくれたけど、指導者によっては対応できなかった可能性もある。それほど、当時のミーティングの内容は、それまで作り上げてきた戦術から逸脱してしまっていた。

僕はだから、代表でも、クラブでも、

「チームがあって選手があるんだから、まずチームが勝つために何をやらなければいけないかを考えた方がいい」

と声をかけて、議論の方向を修正しようと働きかけた。

前提にあるものを忘れてしまっていては、建設的な話し合いなどできるはずがないのだ。

もしこれが流れのいい時ならば、話は別かもしれない。結果が出ている中で、さらに個人の意見が新しい試みとして取り入れられていくのであれば、組織としてのバリエーションを増やすことにもつながる可能性がある。だけど、組織がうまくいっていない場合は完全に逆効果だ。

サッカーは自由なスポーツであるし、それぞれ自分の意見を持っていることは悪いことではない。だけど、周囲を取り巻くシチュエーションを無視して、自分だけが自由になってはダメだ。

自由をはき違えてしまえば、そこには混乱が待っているだけだからだ。

みんなの前で話す時僕は、その前提を大事にしている。

◆上から目線で話さない

言葉の使い方は、相手によって変わるけれど、特に世代をまたぐといろいろと工夫が必要なのかもしれない。

サッカー界でいえば、海外で結果を残すためには、「ふてぶてしさ」が重要な要素だ。（内田）篤人のように、若いのによく人を観察していて機転の利く選手もいるけれど、どちらかといえばヨーロッパの強豪リーグでは、周りはエゴの強い選手ばかり。きっと日本人選手がポッと来たくらいでは、パスもくれないだろう。まったく新しい環境で自分をアピールしていくには、周囲のことなんて気にしていられない。特に攻撃の選手はプレーの内容自体がよくても、結局はゴールやアシストという分かりやすい結果で判断されてしまうだろうし、強気に自分を出していかなければ、生き残っていくのも難しいのだと思う。

今、世界に出て活躍している日本人選手には、そういう意味で、精神的な強さを感じる。長友佑都や岡崎慎司をはじめ、みんな上昇志向が強いし、ここ何年かで何ごとにも物おじしないで立ち向かっていけるようになった。

そして、ふてぶてしさといえば、やはり本田圭佑だ。

まだ、本田が日本代表でレギュラーをつかみ切れていなかった２００９年秋のヨーロッパ遠征。その初戦のオランダ戦で、本田が後半から出場するとなった時に、僕は声をかけた。

「死ぬほど走るんだろうな？」

その頃の岡田ジャパンは前線から積極的にプレッシャーをかけて、攻守の切り替えで相手を圧倒する戦術を徹底していたから、僕はその役割を本田にも確認したのだ。

だけど、答えはひと言。


「いや、走らないです」


その時僕は少しビックリしたけど、よくよく本田という選手を観察してみると、それが彼の個性だと分かってきた。

本田は日によって態度が変わる。今日はものすごくフレンドリーだなと思ったら、次の日はものすごく距離を置いてみたり。その落差に、最初はこちらも戸惑った。

でも、それが彼のリズムなのだ。すごくしゃべりかけてきたり、音楽を聞いて集中してみたり、自分なりの精神的なピークの作り方を知っていて、試合への集中力を高めていく。それがふてぶてしいオーラを発する一因にもなっているのだと思う。

南アフリカワールドカップでは、彼のそんな一面をすごく頼もしく感じたものだ。

グループリーグ初戦のカメルーン戦で、1トップで起用された本田は、怯むことなく、淡々と自分の役割をこなしていってくれた。前半39分には松井大輔のクロスを落ち着いてゴールに押し込んで、先制。

そして迎えたハーフタイム。僕は1点リードしたからといって引いてしまっては、いつかやられてしまうと思い、本田に声をかけた。

「俺は前にボールをぶつけるよ。やっぱり攻めに行かなきゃ駄目だから。だから勇気を持って前に出ていいよ」

すると本田も頷いた。

「俺も攻めますよ」

舞台が大きくなればなるほど、勝負どころで積極性を保つのは難しくなる。リスクを負って攻めに出て逆にやられるケースだってある。だけど、相手が力のあるチームの場合、こちらが守勢に回ってばかりいると逆に勢いづけてしまうし、最後まで守り切れる保証もない。だから、攻めの姿勢を忘れてはいけない。本田はワールドカップのデビュー戦だったにもかかわらず、それをしっかりと理解していた。

そうやって自分の考えをしっかり持っているからこそ、自分に対して自信もあるし、周りに流されないのだろう。本田のあのキャラクターは世界に挑んでいくうえで大きなプラスだと感じたものだ。

僕も途中から本田のような若い選手の性格を理解し、その「ふてぶてしさ」を気にすることなく接するようになった。相手が話し掛けてくれれば、こちらも話すし、何かあったらこちらも遠慮なく声をかけた。

僕はもともと人をいじりたいタイプで、本田だろうがほかの選手であろうが、容赦なく突っ込んだ。本田には、ナラさん（楢﨑正剛）と一緒に、「あのサングラス、ないよな～」とか「あれじゃ、嘉門達夫じゃねえか（笑）」と言ってみたり。

それで相手の反応が悪くても関係ない。

そうやってこちらが普段通りに振る舞っていれば、彼らのような強い個性が浮いてしまうことがないのだと僕は思う。

もちろん、声をかける時に場所や状況は考慮するけど、一番大切なのは、相手が若い選手であっても、こちらが**「話してやってるんだ」みたいな上から目線にならない**こと。

誰であろうと、同じように、突っ込む。

それが、僕なりの「ふてぶてしさ」へのアプローチの仕方だ。

◆人を動かすのはリスペクト

どうやって言葉を使うべきなのか――。

トルシエさんや李さんの例などのように一見厳しい言葉によって導びこうとする人もいれば、母親や岡田さんのように、その姿勢や言葉を工夫して相手の心に響かせる人もいる。

前にも書いたけれど、僕が気を付けていることは、叱る時や、ミスを直してほしい時は、大勢の前では言わないことだ。

でもこれはチームのバランスも関係している。

例えば、２０１０年ワールドカップの時。僕はセンターバックだから、基本的には守備について意見を交わすことが多い。そんな時、何か伝えたいことを、感情を込めて全体に発信するのは闘莉王の役目だった。闘莉王は「何やってるんだ、こうしろよ！」と怒鳴るのが持ち味で、僕も随分それに助けられた。相棒がそうだったから、僕は一歩引いたところから冷静に考えを伝えることができた（僕があまり熱弁をふるうことが得意ではない、という性格的な問題もあったのだけれど）。

振り返れば以前の代表チームは、ヒデさんが「なにやってんだ！」と言えるタイプで、名波さんが「ナイスナイス」と、ワンプレーごとに、声をかける役回りだった。そういう意味ではバランスが取れていたのだと思う。ちなみにヒデさんはピッチを離れると、打って変わって優しかった。今でもそうだけど「おー、元気？」なんて、試合中の厳しさからは想像できないほど優しい笑顔で話しかけてくれた。このギャップもまた、ピッチ上の人を動かす言葉を際立たせていたように思う。

決して優しい言葉だけではダメだし、厳しい言葉だけでも足りない。

だから、言葉をうまく使うには、自分自身のチーム内での立ち位置を理解することがとても重要になってくると思う。

もうひとつ大切なことは、相手への尊敬を忘れないこと。**相手をリスペクトするということは、年が上でも下でも一緒**だ。

サッカーにおいては、監督が選手をリスペクトしないでいると選手も監督をリスペクトしなくなる。

そのお互いのリスペクトが、チームとして同じ目標に向かう時には重要になるし、その関係を築いていれば互いの言葉を響かせ合うことができるのだと思う。

これは、特に今、世代的に上になった僕が、下の世代と接するときに気を付けていることだ。例えば、新しく入ってきた選手がいて、先輩に対してリスペクトを持って接していたとする。その時、先輩が横柄な態度ばかりとっていれば、きっと後輩の心も離れていくだろう。

このリスペクトというのは、決して難しいことではないと思う。

僕にとって**リスペクトとは「きちんと受け答えをする」「お互い目を見てしゃべる」「ハイ、と返事する」**といった基本的なことである。僕は、このことだけはきちんとやってきたつもりだし、そういうふうに育ててくれた両親やこれまでの指導者、先輩たちに感謝している。

趙雲の話ではないけれど、リスペクトのある関係を築くことは、相手に言葉を響かせ、人を動かすための大事なポイントなのだと感じる。だから、言葉をうまく使うということは、互いに尊重しあえる関係性を作っていくことと同じ作業だともいえるのではないだろうか。

中村俊輔×中澤佑二

一線で戦い続ける言葉学

（聞き手・佐藤岳）

Shunsuke Nakamura

Yuji
Nakazawa

――おふたりの出会いは？

中村 最初、ボンバーと会ったのはオリンピックだよね。

中澤 2000年のシドニーオリンピック前の合宿。シュンがタメ語でしゃべってきてさ。俺の方が学年は一個上なのに！

中村 ははは。初めて話したのはそこかもしれないけど、ヴェルディにいた時から知ってたよ。スリーバックの一角でプレーしていたでしょ。あの時は桐蔭（学園）出身の人たちがいっぱいいる中に、ボンバーがいる、みたいな感じだった。まだまだだったね（笑）。

中澤 間違いない（笑）。

中村 その後のオリンピック合宿の時は、同じ部屋になることが多かった。

中澤 確かにずっと一緒だった。

中村 トルシエが監督の時はずっとふたり部屋だったよね。ボンバーとは生活リズムというか波長が合ってたから、一緒に生活してても別に平気だった。ふたりとも夜は勝手に寝るし。俺はファミコンして、ボンバーは雑誌読んで、みたいな感じ。

中澤 俺は雑誌の調達係だったんだよね。何十冊か買ってきて、読み終わったらリラックスルームに置くっていう。

中村　でも部屋の玄関に、黄色いスパイクをズラッと並べていたのはどうかと思うよ。

中澤　はははは。

中村　俺は、最初ボンバーを同い年か、一個下だと思ってた。だって、分かんないでしょう？　普通は高校とかからある程度名前を知られているけど、ボンバーの場合は違ったし。でも、一年目から出てる。それでオリンピック代表にいるってことは、2、3年目の人たちが集まってるわけだから……。

中澤　俺、高校卒業してから3年間、プー太郎だったからねー。

中村　いきなりポンって出てきたから、年齢不詳だった。だから、だいたいタメだろうって思ってた（笑）。

中澤　こっちはもちろん、桐光（学園）、マリノスの中村俊輔っていうのは知ってるからさ。すげえなってイメージだった。うまくて。だけど、しょっぱなからタメ語でしゃべってくるから、「ああ、これくらいのレベルになっちゃうと上下関係ないんだな、さすがだな」って思ってたね（笑）。

――上下関係の話が出ましたけど、ふたりともベテランといわれる域に達してきて、若手の選手に対してかける言葉は、昔と変わってきましたか？

中澤　昔はグラウンドの中でも、「おい！　やれよ！」みたいにけっこう強く言ってたけど、ここ何年間はそういうのは控えて、優しい感じになってきてますよね。なるべく若い選手のテンションが下がらないような言葉をかけるように。なんでもかんでもこっちが感情に任せてしゃべっちゃうと、今の若手は萎縮しちゃうんで。そこらへんのさじ加減みたいなものは自分の経験に基づいてやってるし、できるだけチームの雰囲気が悪くならないように考えて声をかけるようにしていますね。

中村 俺は、昔は自分のことでいっぱいいっぱいだったから、あまり言葉をかけなかったけど、今は多少余裕があるし、ちょっと下の選手に声かけたり、ちょっかいを出したりするかな。基本はあんまり話さないですけどね。大事なことを要所、要所で言う感じ。あとは昔、自分が上の選手からされていたように、言葉や状況をチョイスしながら、若い選手に話をするかな。

中澤 ああ、自分がされていたように、ね。

中村 そう。例えば、俺がマリノスに入団した当時は、川口能活さんとか、井原正巳さんとかがいて、普段は声をかけられないんだけど、ジムとかで一対一になった時にサッカーの話をしてもらったりしていた。能活さんはみんながいる前ではあまりしゃべらないけど、ふたりきりになった時に、大事な要素だけをチョイスして「もうちょっとこうやったらこうなるんじゃない」とか言ってくれたから、そういうのを俺も若い選手にしている、と言えばいいのかな。だから、今の若い選手は何か言われたくなかったら、俺と風呂場やジムで一対一にならないことだね（笑）。

中澤　はははは。確かに、今までの歴代の先輩たちの真似をしている部分はあるね。俺の場合も北澤豪さんだったり、カズさんだったり、すごい人たちがたくさんいたし、いいお手本になった。その当時、自分の心に響いた言葉っていうのは、基本的には今も受け継いでいるし、使わせてもらうこともあるよね。

——日本代表で接してきた若い選手たち、例えば、長友選手や内田選手、長谷部選手などが世界で活躍をしていますが、話を聞くとおふたりにいろいろと「言葉」をもらった、と口にされることがよくあります。

中澤　佑都は、一緒にDFラインを組んでいたから、サイドバックのポジショニングとか、代表のやり方とかを練習中にちょいちょい話してましたね。基本的には、いじってる感じでしたけど（笑）。

中村　長友はどちらかというと、言葉を待ってるタイプじゃなくて、ガンガン聞きに来るタイプだからね。その選手の懐に入って、気に入られるっていう術がすごい。処世術だよね。そりゃ、上達は早いよね。

——最近はそういう積極的な選手は少ないですか。

中村　少ないねえ。

中澤　少ない。

中村　長友は俺がちょうど足首をケガした時に代表に来て、ガンガン、サッカーの話を聞いてきたから、最初はうるさいなって思ったけど（笑）、そういう姿勢だと、だんだんとかわいく感じてくるんだよね。南アフリカワールドカップの時は途中から、本田の近くに行くようになったけど（笑）、それも、生きる残るひとつの術。俺にはできないけど、長友には、それができるから。これは俺の予想だけど、そうやって中心にいる選手のそばに行くことで、メンタルを落ち着かせたいんだと思う。中心選手のところに行って懐に入れば、自然と練習中も緊張しなくなるし、パスももらえるし、ミスも怖くなる。だから、インテルでも同じことをやったんだと思うよ。スナイデルのそばに行って。

中澤　なんで俺のとこに来なかったのかが分かるな（笑）。

中村　でも、大事でしょう？　おそらく会社でも一生懸命がんばって、むちゃくちゃ仕事ができるようになっても、コミュニケーションが取れなかったら、「もしかしたらこいつ、俺の首を取るんじゃないか」と上司に思われて弾かれちゃう人もいると思う。逆に上司ともしっかりコミュニケーションを取って、懐に入ることですいすいと上っていく人もいる。それと一緒。会社が終わった後に飲みに行くのだって同じようなことだし、可愛がられることは大事だと思う。俺には、そういうところがなかったけど。

中澤 俺もそういうタイプじゃなかったな。

中村 長友のすごいのは、自分が何かを吸収できそうな人を見抜いて、そこに寄っていくだけじゃなくて、それをちゃんとプレーに結びつけて上のレベルにまで行っているところ。上の人の懐に入っていったって、試合に出られない選手もいるからね。

――なるほど。いろいろなタイプのプレーヤーがいますけど、中澤選手と中村選手はお互いにうらやましいと感じるところはありますか？

中澤 シュンに対して？　そんなの欲しいものだらけですよ。

中村 俺の美貌でしょ？

中澤 ルックス的なところは別だ(笑)。

中村 おい(笑)！

中澤 サッカーに関することはもうすべて、もらえるものなら欲しいですよね。あんなふうにパスを出せて、トラップができて、シュートを打てたら、どれだけサッカーが楽しいんだろうって思うじゃないですか。だから、もらえるものなら全部欲しい。

中村 2012シーズンの名古屋戦のフリーキックなんて、本当にしびれたもんね。シュンとは長い間一緒にプレーしているから、記憶に残るものがいっぱいあり過ぎてひとつにしぼりきれないけど、あのロスタイムで、あの距離を決められるっていうのは本当にすごい。あとワンプレーで試合が終わっちゃう状況で、相当なプレッシャーがあったはずなのに、練習で決めているように、普通に決めるからね。

中村 フリーキックはその時のメンタルの状態にも左右されるけどね。でも、2012年はボールの感覚が合わずに、ずっと格闘していた記憶があるな。2点しか決められていないし。自分の蹴り方に固執しすぎたのかな。シーズンの最後の方はもう折れたよね、自分の蹴り方を捨てた。逆にボンバーのすごいところは貯金！

中澤 バカ野郎！　なんにも知らないだろ（笑）。

中村 はははは。それは冗談で、ボンバーは高校を卒業してブラジルに渡って、それでヴェルディの入団まで漕ぎ着けたでしょ？　その時にたぶん、コツをつかんだと思うんだよね。上達していくコツや向上心のようなものを。それが体に染みついたままの状態で今日まで来ていて、まだうまくなるし、体が動くでしょ。それが……、引くよね（笑）。

中澤 おい！　引くな！

――ははは。「心を惹かれる」じゃなくて、「どん引きする」の「引く」ですか？

中村　そう、引く、引く（笑）。俺は、たまに、「今日はダメだ」っていう時があるんですよ。正直、俺の場合は、そういう時は割りきっちゃうんですけど。

中澤　割り切る？

中村　ダラダラやったり、力を抜くことはもちろんないけど、疲れが残っていることを受け入れてプレーしようとする、というか。とにかく最低限、ミスだけはしないように意識するんだよね。でも、そういうのがボンバーは1日もない。常に100％。例えば練習の時、俺もグラウンドには早く来る方だけど、ボンバーはいつもリズムが一緒で、早くクラブハウスに来て、若い選手をいじったりしながら練習に入る準備を整えて、ピッチに入った時にはもう完全に100％の状態に仕上がっている。グラウンドに出てきてから心と体を上げていく選手は多いけど、ボンバーの場合はグラウンドに出た時にはもうすでにメンタル面も肉体面もサッカーの技術が向上できるような状態になっているんだよね。だから、キックにしろ、判断にしろ、どんどん上達していくんだと思う。それは他の人には真似できない部分。ちょっとだるかったりする日はどんな選手でも必ずあるし、俺も年に1、2回はそういうのがあるけど、ボンバーはその1、2回すらないからね。だから引いちゃう（笑）。年に1、

2回だけでも、10年のスパンで考えたら、20〜40日くらいの差が出てくるわけだから、そういうことを意識していない選手なら、もっと差が開いちゃう。

――過去に、そこまで徹底している選手は記憶にないですか？

中村 ないね。海外にもまずいない。必ず、今日はこいつ静かだったな、とか、イライラしてタックルばっかりしてきたなとか、何かしらある。ボンバーは昔、スリーバックなのにボールを持つとオドオドしていて、今は全然違って、近くの選手が見えなくなると、すぐFW目掛けて蹴ってたりしたけど、今は全然違って、近くの選手を見つつ、近くの選手にパスしたりできている。そうやっていろんな部分が上達している印象がある。

――それは、長くトップレベルでプレーできるコツのようなもの。

中村 そうだと思う。今、年齢が上になっても、ある程度、一線でやれている選手はそういう自分のリズムだったり、対応策だったり、引き出しだったりをいっぱい持っているタイプばかり。

中澤 それはあると思うね。シュンにしても今年のプレーはキレまくってたけど、それは試合だけじゃなくて、練習からそうだからね。

中村 長くやってる人は、自分自身のやり方を体や頭で覚えていて、今日は体の状態がこうだから、こういうふうにやっていこうとか、工夫している。ただ、周りを見ていて思うのは、そういう選手もちょっとずつ落ちてきている部分はある。例えばヤット（遠藤保仁）だってちょっとずつ遅くなってるし、俺も人のことは言えない。だけど、ボンバーは、2012シーズンはその前のシーズンと同じかそれ以上の出来だったし、35歳で、しかも、センターバックで、これだけプレーを維持できている選手って今までいないんじゃないかな。しかも4バックで。それはすごいと思う。センターバックは一番、肉体的な衰えが分かってしまうポジションだからね。サイドバックはごまかせるし、フォワードも点を取ればいいってところがあるし、ボランチも、俺のポジションもごまかせる部分があるけど、センターバックは一番ごまかしが利かないから。だから、頭にしろ、心にしろ、肉体にしろ、衰えがないのは、引くよね！

中澤

おい、引くなって！（笑）。まあ、そんなことを言う、シュンのことは誰も真似できないからね。シュンみたく海外のサッカーをあれだけ観て知っているっていうのも、俺には絶対できない。これだけサッカー選手としての才能があるのに、ピッチの中でも、外でもすごく努力している。それができる選手は本当に少ない。シュンのサッカーにかける思いだったり、向上心だったりは、俺とはまた違った部分がある。だから、今の若い選手には、シュンと一緒にやれるうちに、いろいろなことを学び取って欲しいと思うよ。シュンのプレーとか練習に臨む姿とかを頭の片隅に入れておくだけでも、若手はすごく伸びていくと思うし、今、一緒にやれていることを幸運に思ってほしいね。

中村 まあ、ボンバーもシーズン前半に調子悪い時期あったからね！

中澤 え、ここで落とす(笑)？

中村 俺は、だから、焦るよね。ボンバーを見て、「うわ、やばい！」って。ポジションも違うし、ライバルっていうわけでもないけど、自分の比較対象にできる存在だから。刺激になるというか、「自分、やばいよ」って思える基準だね。

中澤 俺も、いつも、シュンを見てるよね。「早く衰えろー！」「足もつれろー！」って(笑)。

中村 バカ野郎！

中澤 ははははは。

——長い間、いろんな組織を見てきているわけですが、組織がうまく回るための秘訣はありますか？

中澤 各々がなんのために組織で仕事なり、プレーなりをやっているのかを考えれば、おのずと良くなるはずですよね。各々がしっかり考えて「チームのために」と思ってやればね。サッカーのチームって別にみんなすごく仲が良いわけでもないし、全員で一緒に食事に行くわけでもないんですよ。でも、それぞれが目標とするものであったり、プロジェクトに向かっていく意識を同じように共有して、みんなが同じ方向を向くことが大事なんだと思う。その中で若い選手は伸び伸びとやればいいし、それをコントロールするのがベテランの役割ですしね。あとは、その間にいる中堅の選手がある程度、自分の経験に基づいてバランスを取ればうまくいく。

——中村選手は？

中村 各々が……、貯金のためにやる、みたいな（笑）。

中澤 こら！　貯金するな！　気にしないで使え！　経済のために、世の中のために、お金を回せ（笑）！

中村 ははは。

中澤 でも、楽しくやりましょうよ。今の時代、僕は仕事があるだけでもありがたい、という気持ちがある。だから、一生懸命、仕事をやる。楽しくやる、って見せかけだけでも大事だと思いますね。

中村俊輔（なかむら・しゅんすけ）

1978年6月24日生まれ。神奈川県出身。桐光学園高等学校卒業後、横浜マリノス(現・横浜F・マリノス)に加入。1997年、Jリーグ優秀新人賞受賞。2000年、JリーグMVP受賞。02年、イタリア・セリエAのレッジーナに移籍。05年、スコットランドのセルティックに移籍すると、リーグ3連覇に貢献、2006~07シーズンにはMVPに選出。09年7月、スペインのエスパニョールに移籍、10年から現在まで横浜F・マリノス所属。日本代表では98試合に出場し24得点。06、10年と２大会連続でW杯に出場。ポジションはMF。

おわりに

自分を動かす言葉で、忘れてはいけないものがある。

サポーターの方々の叱咤激励の声だ。

意外に思われるかもしれないけれど、試合中のピッチであってもサポーターからの声というのは結構聞こえるものだ。

「ナイスヘディング！」

「いいぞ、いいぞ！」

「あきらめるな！」

そんな思いの詰まったサポーターの皆さんの言葉は、ピッチに立つ選手たちを動かしてくれる大きな力だ。いいプレーができた時の歓声は、

「もっといいプレーがしたい。試合に勝ってみんなで喜びを共有したい」

と思わせてくれるし、劣勢においての必死の声援は、

「まだまだ、あきらめないぞ」

と気持ちを引き締めてくれる。

これはサッカー選手ならば、共通の思いだろう。

僕はまだまだ現役を続けていきたいと思っているし、日本代表だってあきらめてはいない。そのために今後も叱咤激励をしてほしいと思う。

今年で35歳を迎えるけど、まだまだ成長できるところはあると思っている。

それは技術や体力もそうだけど、精神的な部分においてもいえる。その時、言葉の力というものは、自分にとって大きなものとなるだろう。

これからも言葉の力を信じて、前を向いて進んで行きたい。

2013年2月　中澤佑二

中澤佑二（なかざわ　ゆうじ）
横浜Ｆ・マリノス所属のディフェンダー。１９７８年2月25日生まれ。埼玉県出身。三郷工業技術高等学校卒業後、ブラジルへサッカー留学。ＦＣアメリカ（ブラジル）を経て、１９９８年にヴェルディ川崎（現東京ヴェルディ）に練習生として加入。99年にプロ契約。一年目からレギュラーとして活躍し、Ｊリーグ新人王に輝く。同年、日本代表にも初招集。シドニー五輪代表でも不動のセンターバックとして全試合に出場し、ベスト8進出に大きく貢献。２００２年に横浜Ｆ・マリノスへ移籍すると、03、04年にはＪリーグ連覇を達成し、自身もＪリーグＭＶＰを受賞（04年）するなどさらなる飛躍を遂げる。日本代表では中心選手として活躍し、06年ドイツ、10年南アフリカＷ杯に連続出場。岡田武史体制では、本大会途中までキャプテンとしてチームをけん引した。２０１２年史上10人目となるＪリーグ通算４００試合出場を達成。１８７㎝。78㎏

自分《じぶん》を動《うご》かす言葉《ことば》

ベスト新書
392

二〇一三年三月　一日　初版第一刷発行
二〇一三年四月二五日　初版第四刷発行

著者◎中澤佑二《なかざわゆうじ》

発行者◎菅原茂
発行所◎ＫＫベストセラーズ
東京都豊島区南大塚二丁目二九番七号　〒170-8457
電話　03-5976-9121（代表）　振替　00180-6-103083

装幀フォーマット◎坂川事務所
印刷所◎錦明印刷株式会社
製本所◎ナショナル製本協同組合
ＤＴＰ◎株式会社三協美術

ISBN978-4-584-12392-8 C0295